세법 인트로

세법을 공부하는 사람들을 위한 **'세법 입문서'**

- 납세의무를 창설하고 있는 헌법부터 세법의 이야기가 시작되는 진짜 입문서
- 주요 세법의 전체 구조를 보기 위한 가이드북

주진하 저

세경사

Preface

참고자료 및 문헌

이 책은 다음의 자료와 문헌을 참고하여 집필되었습니다.

- 대한민국 헌법 및 조세법
- 조세법총론, 이준봉 저
- 법인세법론, 김완석 · 황남석 공저
- 소득세법론, 김완석 · 정지선 공저

入門

헌법 제38조는 국민의 납세의무를 창설하고 있습니다.
이 책은 헌법 제38조부터 시작합니다.
세법 입문서답게 납세의무의 창설부터 시작했습니다.

이 책의 목적

회계사 · 세무사 시험에서 큰 비중을 차지하는 법인세, 소득세, 부가가치세에 관한 내용은 간략하게만 언급하였습니다. 어차피 세법개론서로 공부할텐데요.
법인세, 소득세, 부가가치세를 미리 공부하는 것보다 조세가 무엇이고 조세를 과세할 수 있는 요건은 무엇이며 국민의 납세의무는 어떻게 성립하고 어떻게 확정되는지에 대한 이해가 더 중요하다고 생각했습니다.
이런 이야기를 담고 있어야 세법 입문서라고 할 수 있는 것 아닐까요?

머리말

입문서는 수험서가 아닙니다.
이 책은 회계사·세무사 시험에 직접적으로 도움이 되지는 않습니다.
간접적으로는 도움이 될지도 모르겠습니다.

책의 분량

많은 내용을 담지는 않았습니다.
책이 너무 두꺼우면 반감부터 생깁니다.
첫 만남이 가벼워야 그 다음 만남이 부담 없습니다.

Contents

PART 01 조세 총론

Ⅰ. 조세의 필요성 ---- 3
Ⅱ. 조세의 경제적 기능 ---- 3
Ⅲ. 조세의 정의 ---- 6
Ⅳ. 조세의 분류 ---- 8
Ⅴ. 우리나라의 현행 조세체계 ---- 11

PART 02 조세법의 기본원칙

Ⅰ. 조세법률주의 ---- 17
Ⅱ. 조세평등주의 ---- 23
Ⅲ. 신의성실의 원칙 ---- 25

PART 03 과세요건

Ⅰ. 납세의무자 ---- 29
Ⅱ. 과세대상 ---- 38
Ⅲ. 과세표준 ---- 39
Ⅳ. 세　율 ---- 39

PART 04 납세의무의 성립

Ⅰ. 의　의 ---- 43
Ⅱ. 법률관계에 미치는 영향 ---- 43

목 차

Ⅲ. 납세의무의 성립시기 ―― 45

PART 05 납세의무의 확정

Ⅰ. 개　요 ―― 49
Ⅱ. 신고납세세목 ―― 49
Ⅲ. 정부부과세목 ―― 50
Ⅳ. 자동확정세목 ―― 50

PART 06 법인세법

Chapter 01 총　설

Ⅰ. 법인세의 의의 ―― 53
Ⅱ. 납세의무자 ―― 54
Ⅲ. 법인세의 과세대상 ―― 55
Ⅳ. 사업연도 ―― 57
Ⅴ. 법인세의 납세지 ―― 57

Chapter 02 법인세의 계산구조

Ⅰ. 세무조정 ―― 59
Ⅱ. 소득처분 ―― 59

Chapter 03 익　금

Ⅰ. 익　금 ―― 63

Contents

Ⅱ. 익금불산입 ―― 67

Ⅲ. 의제배당 ―― 69

Ⅳ. 수입배당금 익금불산입 ―― 72

Chapter 04 손 금

Ⅰ. 손금의 범위 ―― 74

Ⅱ. 대손금의 손금불산입 ―― 74

Ⅲ. 자본거래 등으로 인한 손비의 손금불산입 ―― 75

Ⅳ. 세금과 공과금의 손금불산입 ―― 75

Ⅴ. 징벌적 목적의 손해배상금 등에 대한 손금불산입 ―― 76

Ⅵ. 자산의 평가손실의 손금불산입 ―― 76

Ⅶ. 감가상각비의 손금불산입 ―― 76

Ⅷ. 기부금의 손금불산입 ―― 77

Ⅸ. 기업업무추진비의 손금불산입 ―― 82

Ⅹ. 과다경비 등의 손금불산입 ―― 83

Ⅺ. 업무와 관련 없는 비용의 손금불산입 ―― 84

Ⅻ. 업무용승용차 관련비용의 손금불산입 등 특례 ―― 84

XIII. 지급이자의 손금불산입 ―― 85

Chapter 05 준비금 및 충당금의 손금산입

Ⅰ. 퇴직급여충당금의 손금산입 ―― 87

Ⅱ. 대손충당금의 손금산입 ―― 87

Ⅲ. 국고보조금등으로 취득한 사업용자산가액의 손금산입 ―― 88

Ⅳ. 공사부담금으로 취득한 사업용자산가액의 손금산입 ―― 88

목 차

Ⅴ. 보험차익으로 취득한 자산가액의 손금산입 — 89

Chapter 06 손익의 귀속시기 등

Ⅰ. 손익의 귀속사업연도 — 90
Ⅱ. 자산의 취득가액 — 90
Ⅲ. 자산·부채의 평가 — 90

Chapter 07 세액의 계산

Ⅰ. 세　　율 — 92

Chapter 08 신고 및 납부

Ⅰ. 과세표준 등의 신고 — 93

PART 07 소득세법

Ⅰ. 소득세의 기본이론 — 97
Ⅱ. 소득세법 총론 — 100
Ⅲ. 거주자의 종합소득 등에 대한 납세의무 — 101
Ⅳ. 거주자의 양도소득에 대한 납세의무 — 106

PART 08 부가가치세법

Ⅰ. 부가가치세의 기초이론 — 117
Ⅱ. 부가가치세법 총칙 — 122

PART 01

조세 총론

Ⅰ. 조세의 필요성

Ⅱ. 조세의 경제적 기능

Ⅲ. 조세의 정의

Ⅳ. 조세의 분류

Ⅴ. 우리나라의 현행 조세체계

PART 01

조세 총론

I 조세의 필요성

한 국가가 사용할 수 있는 자원은 한정되어 있다. 그 자원을 공적영역과 사적영역에서 공유하는데, 조세는 사적영역의 자원을 공적영역으로 이전하기 위한 수단이 된다.

Ⅱ 조세의 경제적 기능

1. 시장실패의 극복

시장실패는 시장이 경제적 자원을 효율적으로 배분하지 못하는 상태에 있는 것을 말한다. 통상적으로 소비의 대가를 치르지 않은 사람을 소비활동에서 배제할 수 없을 때(비배제성), 개인, 기업 등 어떤 경제주체의 행위가 다른 경제주체들에게 기대되지 않은 혜택이나 손해를 발생시킬 때(외부효과), 가격이 변동하여도 수요의 증감이 미미할 때(불완전경쟁) 시장실패라고 한다.

(1) 공공재

공공재란 국방 · 경찰 · 소방 · 공원 · 도로 등과 같은 재화 또는 서비스를 말한다. 공공재의 반대개념에 해당하는 것이 사유재인데, 사유재는 시장기구를 통하여 결정된 가격으로 공급된다. 하지만 공공재는 시장의 가격 원리가 적용될 수 없다. 또한 사유재는 그 대가를 지불하지 않으면 소비할 수 없지만 공공재는 대가를 지불하지 않고도 소비할 수 있다.

어느 한 사람의 사유재 소비는 다른 사람의 소비기회를 줄이므로 사유재의 소비에는 경합성이 발생하지만 공공재의 경우에는 어느 한 사람의 소비가 다른 사람의 소비기회에 영향을 주지 않으므로 경합성도 발생하지 않는다.

대가를 지불하지 않고도 공공재를 소비할 수 있는 특성, 즉 대가를 지불하지 않고도 공공재의 소비에서 배제되지 않는 특성을 비배제성이라고 한다. 또한 공공재의 소비가 다른 사람의 소비기회에 영향을 주지 않는 특성을 비경합성이라고 한다. 비배제성과 비경합성의 특성을 모두 갖춘 공공재를 순수공공재라고 한다. 한편, 공공재 가운데 배제성을 어느 정도 갖고 있어 시장경제에서도 생산 및 공급이 가능한 공공재는 준공공재라고 한다.

순수공공재의 비배제성으로 인하여 순수공공재의 공급자 입장에서는 그 소비하는 자에 대하여 사용대가를 청구하기 어렵게 된다. 따라서 순수공공재의 공급을 시장에 맡기게 되면 적정수준보다 과소하게 공급된다. 그리고 어느 한 개인의 순수공공재의 소비가 다른 개인의 순수공공재 소비에 영향을 주지 않으므로 순수공공재에 대한 대가를 치르든 치르지 않든 어느 한 개인의 순수공공재 소비를 제한할 수도 없다.

이러한 특성들로 인하여 시장은 공공재를 공급하기 위한 수단으로서는 적절하지 않다. 따라서 정부가 공공재를 공급하기로 하고 그 재원은 세금을 통하여 조달하게 된다.

(2) 가치재와 비가치재

가치재란 학교 급식, 의무 교육 등과 같이 모든 사람에게 필요한 것으로 간주되는 재화 또는 서비스로서 그 소비가 장려된다. 정부는 조세를 재원으로 지원금을 지급하여 가치재의 공급 및 소비를 지원할 수 있다.

반면 비가치재란, 담배, 마약 등 소비자에게 나쁜 영향을 미치는 것으로 인식되는 재화나 서비스로서 그 소비를 장려하지 않는다. 정부는 조세를 부과함으로써 비가치재의 공급 및 소비를 억제할 수 있다.

(3) 외부효과

외부효과란 개인, 기업 등 어떤 경제주체의 행위가 다른 경제주체들에게 기대되지 않은 혜택이나 손해를 발생시키는 효과를 의미한다.

외부효과에 대한 경제학의 고전적 사례로서 과수농가와 양봉농가의 관계를 살펴보자. 과수농가는 꽃가루를 옮겨 주는 양봉농가의 벌들이 고맙고, 양봉농가는 벌들에게 꿀을 제공하는 과수농가의 꽃들이 고맙다. 이처럼 어떤 경제주체의 행위가 다른 경제주체에게 기대되지 않은 혜택을 발생시키는 것을 긍정적 외부효과라고 한다. 긍정적 외부효과를 수반하는 경제행위는 사회적으로 바람직한 수준보다 더 적게 일어날 개연성이 높다. 경제주체들은 긍정적 외부효과를 수반하는 경제행위로 인하여 얻는 자신의 사적인 편익이 사회적 편익보다 적다고 생각하기 때문이다.

한편, 공장에서 발생하는 매연이나 공사로 인한 소음은 주변 주민들에게 피해를 주게 되는데 이를 부정적 외부효과라고 한다. 부정적 외부효과를 수반하는 경제행위는 사회적으로 바람직한 수준보다 더 많이 일어날 가능성이 크다. 경제주체들은 부정적 외부효과를 수반하는 경제행위로 인하여 발생하는 자신의 사적인 비용이 사회적 비용보다 적다고 생각하기 때문이다.

정부는 이러한 외부효과를 제거하기 위하여 긍정적 외부효과가 있는 재화의 생산에 있어서는 조세를 통하여 조달한 재원으로부터 보조금을 지급하고 부정적 외부효과가 있는 재화의 생산에 대하여서는 조세를 부과할 수 있다.

(4) 불완전경쟁

완전경쟁과 완전독점 사이의 경쟁 형태를 말하며 완전경쟁의 조건을 갖추지 못한 상태를 말한다. 가격의 차이가 있어도 고객은 대부분 늘 이용하던 상점을 선호하는 경향이 있으며, 이 같은 특성으로 인하여 가격을 약간 올리거나 내려도 수요의 증감이 미미한 시장을 불완전경쟁시장이라 한다. 불완전경쟁시장은 독점, 과점, 독점적 경쟁 등으로 구분된다.

독점상태의 기업들은 경쟁상태의 기업들에 비하여 보다 적은 양의 재화를 보다 높은 가격에 생산하게 된다. 따라서 이를 해결하기 위하여 정부는 규제기관을 둔다. 그 규제기관은 조세를 통하여 조달된 재원으로 운영된다.

2. 재 분 배

시장에서 개인의 소득은 그 개인이 가지고 있는 생산요소(토지 · 노동 · 자본)와 그 생산요소의 시장가격으로 결정이 된다. 어느 한 개인이 토지 · 노동 · 자본 중 어느 하나도 가지고 있지 않다면 그 개인은 시장에서 어떠한 소득도 얻을 수 없다. 그렇다면 그 개인은 인간으로서의 정상적인 삶을 영위할 수 없을 것이다. 정부는 양질의 생산요소를 보유함으로써 시장에서 높은 소득을 얻은 개인들에게 조세를 부과함으로써 소득이 없는 자들에게 재분배할 수 있다.

3. 경제안정화

정부는 높은 고용수준을 유지하도록 경제를 안정화시키는 동시에 물가 역시 안정화시키는 기능을 수행하여야 한다. 케인즈는 자본주의체제가 야기한 높은 실업, 심각한 가격변동 및 불균등한 경제발전등의 문제들에 대하여 정부가 재정정책을 통하여 대응하여야 한다고 주장한다. 그 재정정책의 주요 수단은 조세이다.

조세의 정의

헌법 및 조세법은 조세에 대하여 별도로 정의하고 있지 않다. 다만, 헌법재판소가 조세를 "국가가 재정수요를 충족시키기거나 경제적 · 사회적 특수정책의 실현을 위하여 헌법상 국민의 납세의무에 근거하여 국민에 대하여 아무런 특별한 반대급부 없이 강제적으로 부과 · 징수하는 과징금"으로 정의한 바 있다. 이에 대해 자세히 살펴보면 다음과 같다.

1. 조세는 금전급부이다.

화폐경제가 발달하기 전의 시대에는 물품 상납, 노역 제공 등의 형태로 조세를 부담하였다. 그러나 화폐경제시대인 현대에 있어서는 조세를 금전으로 납부하도록 하고 있다.

헌법재판소는 조세를 과징금으로 정의하였다. 본래 과징금은 행정청이 일정한 법률위반 행위로 인한 불법적인 이익을 박탈하고, 의무의 이행을 강제하기 위하여 위반자에게 부과 · 징수하는 금전을 의미하는데, 조세라는 것은 일정한 법률위반을 전제하거나 의무의 이행을 강제하기 위하여 부과 · 징수하는 것이 아니므로 헌법재판소에 따른 조세의 정의에서의 과징금은 단순한 금전을 의미하는 것으로 해석하는 것이 바람직하다.

조세의 부담은 금전급부가 원칙이지만 예외적으로 물건으로 세금을 납부하도록 하는 물납제도가 마련되어 있다. 다만, 이는 납세의무자의 조세납부에 편의를 고려하여 드물게 인정하는 제도이며, 금전납부를 대신하는 것에 불과한 것이다.

세금의 물납은 납부하는 재산의 사용가치를 공권력단체가 얻고자 하는 것이 아니고, 그 재산의 금전적 교환가치를 공권력단체가 얻고자 하는데 있을 뿐이다. 따라서 조세의 물납은 물건의 사용가치에 주안점을 두어 소유권을 국가 등에 이전시키는 공용수용과 구별된다.

2. 조세는 재정수요의 충족을 주된 목적으로 하면서 부차적으로 경제적·사회적 특수정책의 실현을 위한 도구로 활용된다.

조세는 국가 또는 지방자치단체가 그의 존속 · 활동을 위해 필요한 재원의 조달을 그 주된 목적으로 한다. 이러한 점에서 범죄 등 위법행위를 방지 내지 처벌하고자 하는 데 주된 목적을 두고 있는 벌금 · 과료 · 과태료와 구별된다.

한편, 조세 중에는 경기 조절, 특정 경제활동의 조장과 억제, 소득의 재분배 등 경제의 안정과 성장 또는 사회보장 등의 목적이 현저하게 부각되는 조세도 있을 수 있으나 이러한 조세의 경우에도 공공수입을 얻고자 하는 목적을 여전히 갖고 있으므로 조세의 본질적 성질이 상실되는 것은 아니라고 하겠다.

3. 조세는 권력적 과징금이다.

조세는 국민경제 내부에서 생산되어 생산요소를 제공한 자들에게 분배 및 그들의 소유로 귀속된 부의 일부를 공권력단체가 강제적으로 그의 지배 밑으로 이전시키는 수단이기 때문에 그 본질이 권력적이다. 따라서 그 권력적 강제성 때문에 헌법에서 보장하고 있는 국민의 재산권을 침해하는 문제가 있다. 이 때문에 조세의 부과·징수는 반드시 의회가 제정한 법률에 그 근거를 두도록 하는 것이다. 이를 조세법률주의라고 한다.

조세가 공권력단체에 의한 권력적 과징금이라는 점에서 국가 또는 지방자치단체가 그의 재산을 임대하여 얻는 재산수입이나 그 재산의 매각수입·국가 또는 지방자치단체가 사업을 경영하여 얻는 사업수입 등 경제활동을 하여 얻는 수입과는 구분된다.

4. 조세는 세법이 규정한 과세요건을 충족시킨 모든 국민에 대하여 자동적으로 발생한다.

과세요건이라고 함은 다음의 4가지를 말하며, 과세요건이 갖추어지는 상태를 과세요건의 충족이라고 한다.

① 납세를 해야 할 의무의 주체인 납세의무자
② 세금부과의 물적대상, 즉 세금부담능력을 표상하는 과세물건
③ 과세물건을 금전 등의 가치척도로 그 크기를 측정한 값인 과세표준
④ 법으로 정한 세금의 부담비율인 세율

이처럼 조세채권·채무관계는 법률로 규정해 놓은 과세요건을 충족함으로써 특별한 절차 없이 자동으로 성립한다는 점에서 국가와 사인 간의 합의를 요소로 하여 성립하는 공법상의 계약이나 순수한 사법상의 계약과는 다르다. 따라서 납세의무는 개인 간의 사계약에 의해 이를 타인에게 이전시키거나 그 내용을 변경시킬 수 없다.

5. 조세는 특별급부에 대한 반대급부의 성질을 가지지 않는다.

납세의무자가 국가 서비스의 수익자임에는 틀림없으나 세금의 부담이라는 희생과 국가의 서비스에 의해 받게 되는 편익이 개별적으로 연결·대응되지 않는다. 이러한 일반보상적 성질을 가지는 조세는 개별보상적 성질을 띠는 행정상의 각종 수수료·사용료·특허료 등과 구분된다.

조세의 분류

1. 국세와 지방세

국가에게 과세권이 있는 조세를 국세라고 하고 지방자치단체에게 과세권이 있는 조세를 지방세라고 한다.

국세는 내국세 및 관세로 구성되고, 지방세는 보통세와 목적세로 구성된다. 국가와 지방자치단체는 국세 및 지방세 외에 과세물건이 중복되는 어떠한 명목의 세법도 제정하여서는 안 된다.

2. 내국세와 관세

관세란 국세 중 외국으로부터의 수입물품의 가격 또는 수량에 부과되는 조세를 말한다. 관세는 재정관세와 보호관세로 나뉘는데, 세수를 목적으로 부과하는 관세를 재정관세라고 하고 외국의 산업에 대하여 국내산업을 보호하고자 부과하는 관세를 보호관세라고 한다.

관세 이외의 국세를 내국세라고 한다. 국세기본법은 국세의 범위에서 관세를 제외하고 있다. 따라서 관세는 국세기본법의 적용 대상 세목이 아니다. 관세법과 수출용 원재료에 대한 관세 등 환급에 관한 특례법에서 세관장이 부과 · 징수하는 국세에 관하여 특례규정을 두고 있는 경우에는 국세기본법이 아니라 관세법과 수출용 원재료에 대한 관세 등 환급에 관한 특례법에서 정하는 바에 따른다.

3. 보통세와 목적세

보통세는 용도를 특정하지 않은 조세이다. 반면 목적세는 특정경비에 충당할 목적으로 부과되는 조세이다. 국세 중 교육세, 농어촌특별세 및 교통 · 에너지 · 환경세가 목적세에 해당한다. 지방세 중에서는 지역자원시설세 및 지방교육세가 목적세에 해당한다.

구 분		목 적
국세	교육세	교육의 질적 향상을 도모하기 위하여 필요한 교육재정의 확충에 드는 재원의 확보
	농어촌특별세	농어업의 경쟁력강화와 농어촌산업기반시설의 확충 및 농어촌지역 개발사업을 위하여 필요한 재원의 확보
	교통·에너지·환경세	도로 · 도시철도 등 교통시설의 확충 및 대중교통 육성을 위한 사업,

구 분		목 적
		에너지 및 자원 관련 사업, 환경의 보전과 개선을 위한 사업에 필요한 재원(財源)의 확보
지방세	지역자원시설세	지역의 부존자원 보호・보전, 환경보호・개선, 안전・생활편의시설 설치 등 주민생활환경 개선사업 및 지역개발사업에 필요한 재원 확보 및 소방사무 소요 제반비용 충당
	지방교육세	지방교육의 질적 향상에 필요한 지방교육재정의 확충에 드는 재원의 확보

4. 직접세와 간접세

직접세는 납세의무자와 담세자가 동일한 조세이고, 간접세는 납세의무자와 담세자가 동일하지 않은 조세이다. 법인세와 소득세가 직접세의 대표적인 세목이며 부가가치세와 개별소비세는 간접세의 대표적인 세목이다.

5. 자본세와 과세기간세

자본세는 납세자가 일정시점 현재 소유하고 있는 재산에 대하여 부과하는 조세로서 자본과징이라고도 한다. 상속세 및 증여세가 이에 속한다. 자본세는 부의 집중으로 인한 빈익빈 부익부 현상을 완화시키고 또한 자본의 유동화를 촉진시키므로 부를 재분배하는 효과가 있다. 다만, 과세대상재산의 적절한 평가가 곤란하고 납세로 인한 차입금의 증가를 야기할 수 있다.

과세기간세는 일정기간 동안 납세자의 재산 증가액에 대하여 부과하는 조세이다. 소득의 원천에 근거한 과세기간세(소득세, 법인세)와 소득의 소비에 근거한 과세기간세(부가가치세)로 구분할 수 있다.

6. 인두세, 종량세 및 종가세

인두세는 성・신분・소득 등에 관계없이 성인이 된 사람에게 부과된 일률동액의 조세를 말한다. 인두세는 납세자의 급부(給付) 능력을 무시한 단순한 조세이다.

종량세는 화폐단위가 아닌 과세물건의 수량을 과세표준으로 하는 조세이다. 과세표준이 개수・길이・용적・면적・중량 등으로 표시된다. 세액의 산정이 쉬워 행정의 능률을 높일 수 있으나, 과세의 공평성이 결여되기 쉽고 재정수입의 확보가 어렵다.

종가세는 과세물건의 가격에 부과하는 조세이다. 과세물건을 화폐 단위로 측정하기 때문에 과세표준이 금액으로 표시된다. 세액의 산정이 어려워 인력과 자원이 많이 소요된다.

7. 비례세, 누진세 및 역진세

비례세는 과세단위에 대하여 일정한 세율이 적용되는 조세이다. 과세표준이 어떻게 변동하든지간에 일정한 세율이 적용된다. 따라서 비례세에는 부의 재분배 효과가 없다.

누진세는 소득금액이 커질수록 높은 세율이 적용되는 조세이다. 누진세는 경제력의 격차를 야기시키는 개인의 소득 간 불평등을 보정하고자 도입되었다.

역진세는 과세물건의 수량 또는 금액이 많아짐에 따라 세율이 낮아지는 조세이다. 따라서 고소득층에 유리하고 저소득층에는 불리한 조세이다. 전시나 악성 인플레이션이 발생될 때에 이론적으로 적용이 가능하다.

[표 1–3] 조세의 분류

구 분		내 용
과세권의 주체	국 세	국가에게 과세권이 있는 조세 ☞ 내국세, 관세
	지방세	지방자치단체에게 과세권이 있는 조세
내국세와 관세	내국세	국세 중 관세 외의 국세 ☞ 소득세, 법인세, 「상속세 및 증여세」, 종합부동산세, 부가가치세, 개별소비세, 주세, 인지세, 증권거래세, 교육세, 농어촌특별세, 재평가세
	관 세	외국으로부터의 수입물품의 가격 또는 수량에 부과되는 국세 ☞ 관세, 임시수입부가세 ☑ 「국세기본법」상 국세에는 관세가 포함되지 않으므로 관세는 「국세기본법」의 적용대상이 아니다. 관세는 「관세법」과 「수출용 원재료에 대한 관세 등 환급에 관한 특례법」의 적용대상이 된다.
지출용도 및 목적의 유무	보통세	용도를 특정하지 않고 일반경비에 충당하기 위하여 부과하는 조세 ☞ 취득세, 등록면허세, 레저세, 담배소비세, 지방소비세, 주민세, 지방소득세, 재산세, 자동차세
	목적세	처음부터 특정경비에 충당하기 위하여 부과하는 조세 ☞ 국세 : 교육세, 농어촌특별세 및 교육 · 에너지 · 환경세 지방세 : 지역자원시설세, 지방교육세
납세의무자와 담세자 일치 여부	직접세	법률상 납세자와 실제 조세를 부담하는 자[1]가 동일할 것으로 예정되는 조세

1) 통상적으로 담세자라고 한다.

구 분		내 용
	간접세	법률상 납세자와 실제 조세를 부담하는 자가 달라질 것으로 예정되는 조세
과세대상의 특성	자본세	납세자가 일정 시점 당시 소유한 재산의 상태에 근거하여 부과하는 조세
	과세기간세	납세자가 일정 과세기간 동안 얻은 재산의 증가액에 대하여 부과하는 조세
	인두세	납세자 1인당 일정금액을 부과하는 조세 ☑ 과세대상과 조세부담액 사이에 아무런 관계가 없음
	종량세	과세대상의 중량 또는 크기에 근거하여 부과하는 조세
	종가세	과세대상의 화폐적 가치에 근거하여 부과되는 조세
세율의 변화	비례세	과세대상의 크기에 불문하고 일정 세율이 유지되는 조세
	누진세	소득이 증가함에 따라 세율이 증가하는 조세
	역진세	소득이 증가함에 따라 세율이 감소하는 조세

V 우리나라의 현행 조세체계

[표 1-4] 조세관련 용어의 정리

구 분	내 용
국 세	국가가 부과하는 조세(관세 제외) ① 소득세, 법인세, 부가가치세 ② 상속세와 증여세, 종합부동산세 ③ 개별소비세, 교통·에너지·환경세, 주세, 교육세, 농어촌특별세 ④ 인지세 ⑤ 증권거래세
세 법	국세의 종목과 세율을 정하고 있는 법률(예 「법인세법」, 「소득세법」, 「부가가치세법」)과 「국세징수법」, 「조세특례제한법」, 「국제조세조정에 관한 법률」, 「조세범 처벌법」 및 「조세범 처벌절차법」
원천징수	세법에 따라 원천징수의무자가 국세(이와 관계되는 가산세는 제외)를 징수하는 것 • 지방세의 경우 원천징수 대신에 특별징수라는 용어를 사용한다.
가산세	「국세기본법」 및 세법에서 규정하는 의무의 성실한 이행을 확보하기 위하여 세법에 따라 산출한 세액에 가산하여 징수하는 금액

<table>
<tr><th>구 분</th><th>내 용</th></tr>
<tr><td>강제징수비</td><td>「국세징수법」 중 강제징수에 관한 규정에 따른 재산의 압류, 보관, 운반과 매각에 든 비용(매각 대행의 경우 그 수수료 포함)</td></tr>
<tr><td>지방세</td><td>「지방세기본법」에서 규정하는 세목</td></tr>
<tr><td>공과금</td><td>「국세징수법」에서 규정하는 강제징수의 예에 따라 징수할 수 있는 채권 중 국세, 관세, 임시수입부가세, 지방세와 이와 관계되는 강제징수비를 제외한 것</td></tr>
<tr><td>납세의무자</td><td>세법에 따라 국세를 납부할 의무(국세를 징수하여 납부할 의무는 제외)가 있는 자</td></tr>
<tr><td>납세자</td><td>납세의무자(연대납세의무자와 납세자를 갈음하여 납부할 의무가 생긴 경우의 제2차 납세의무자 및 보증인 포함)와 세법에 따라 국세를 징수하여 납부할 의무를 지는 자</td></tr>
<tr><td>제2차 납세의무자</td><td>제2차 납세의무자란 납세자가 납세의무를 이행할 수 없는 경우에 납세자를 갈음하여 납세의무를 지는 자를 말한다.</td></tr>
<tr><td>보증인</td><td>보증인이란 납세자의 국세 또는 강제징수비의 납부를 보증한 자를 말한다.</td></tr>
<tr><td>과세기간</td><td>세법에 따라 국세의 과세표준 계산의 기초가 되는 기간
<table>
<tr><th>구 분</th><th>내 용</th></tr>
<tr><td>법인세법</td><td>사업연도(통상 1월 1일부터 12월 31일까지)</td></tr>
<tr><td>소득세법</td><td>과세기간(매년 1월 1일부터 12월 31일까지)</td></tr>
<tr><td>부가가치세법</td><td>과세기간
① 제1기 : 1월 1일부터 6월 30일까지
② 제2기 : 7월 1일부터 12월 31일까지</td></tr>
</table></td></tr>
<tr><td>과세표준</td><td>세법에 따라 직접적으로 세액산출의 기초가 되는 과세대상의 수량 또는 가액</td></tr>
<tr><td>과세표준신고서</td><td>국세의 과세표준과 국세의 납부 또는 환급에 필요한 사항을 적은 신고서</td></tr>
<tr><td>과세표준 수정신고서</td><td>당초에 제출한 과세표준신고서의 기재사항을 수정하는 신고서</td></tr>
<tr><td>법정신고기한</td><td>세법에 따라 과세표준신고서를 제출할 기한
<table>
<tr><th>구 분</th><th>법정신고기한</th><th>비 고</th></tr>
<tr><td>법인세법</td><td>사업연도 종료일이 속하는 달의 말일부터 3개월 이내</td><td>각 사업연도 소득에 대한 법인세</td></tr>
<tr><td>소득세법</td><td>매년 5월 1일부터 5월 31일까지</td><td>종합소득세</td></tr>
<tr><td>부가가치세법</td><td>과세기간이 끝나는 날부터 25일 이내</td><td>7월 25일, 1월 15일</td></tr>
</table></td></tr>
<tr><td>세무공무원</td><td>다음의 사람
① 국세청장, 지방국세청장, 세무서장 또는 그 소속 공무원
② 세법에 따라 국세에 관한 사무를 세관장이 관장하는 경우의 그 세관장 또는 그 소속 공무원</td></tr>
</table>

<table>
<tr><th>구 분</th><th>내 용</th></tr>
<tr><td>정보통신망</td><td>전기통신설비를 활용하거나 전기통신설비와 컴퓨터 및 컴퓨터의 이용기술을 활용하여 정보를 수집, 가공, 저장, 검색, 송신 또는 수신하는 정보통신체계</td></tr>
<tr><td>전자신고</td><td>과세표준신고서 등 「국세기본법」 또는 세법에 따른 신고 관련 서류를 국세청장이 정하여 고시하는 국세정보통신망을 이용하여 신고하는 것</td></tr>
<tr><td>특수관계인</td><td>본인과 다음의 어느 하나에 해당하는 관계에 있는 자를 말한다. 이 경우 「국세기본법」 및 세법을 적용할 때 본인도 그 특수관계인의 특수관계인으로 본다.
① 혈족·인척 등 다음의 어느 하나에 해당하는 친족관계
㈎ 4촌 이내의 혈족
㈏ 3촌 이내의 인척
㈐ 배우자(사실상의 혼인관계에 있는 자 포함)
㈑ 친생자[2]로서 다른 사람에게 친양자[3] 입양된 자 및 그 배우자·직계비속
㈒ 본인이 「민법」에 따라 인지[4]한 혼인 외 출생자의 생부나 생모(본인의 금전이나 그 밖의 재산으로 생계를 유지하는 사람 또는 생계를 함께하는 사람으로 한정)
② 임원·사용인 등 다음의 어느 하나에 해당하는 경제적 연관관계
㈎ 임원과 그 밖의 사용인
㈏ 본인의 금전이나 그 밖의 재산으로 생계를 유지하는 자
㈐ ㈎ 및 ㈏의 자와 생계를 함께하는 친족
③ 주주·출자자 등 다음의 구분에 따른 경영지배관계
㈎ 본인이 개인인 경우
㉠ 본인이 직접 또는 그와 친족관계 또는 경제적 연관관계에 있는 자를 통하여 법인의 경영에 대하여 지배적인 영향력을 행사하고 있는 경우 그 법인
㉡ 본인이 직접 또는 그와 친족관계, 경제적 연관관계 또는 ㉠의 관계에 있는 자를 통하여 법인의 경영에 대하여 지배적인 영향력을 행사하고 있는 경우 그 법인
㈏ 본인이 법인인 경우
㉠ 개인 또는 법인이 직접 또는 그와 친족관계 또는 경제적 연관관계에 있는 자를 통하여 본인인 법인의 경영에 대하여 지배적인 영향력을 행사하고 있는 경우 그 개인 또는 법인
㉡ 본인이 직접 또는 그와 경제적 연관관계 또는 ㉠의 관계에 있는 자를 통하여 어느 법인의 경영에 대하여 지배적인 영향력을 행사하고 있는 경우 그 법인
㉢ 본인이 직접 또는 그와 경제적 연관관계, ㉠ 또는 ㉡의 관계에 있는 자를 통하여 어느 법인의 경영에 대하여 지배적인 영향력을 행사하고 있는 그 법인</td></tr>
</table>

2) 부모와 혈연관계가 있는 자식
3) 양부 또는 양모의 성과 본을 따라 법적으로 친생자가 되는 양자
4) 혼인외의 출생자는 그 생부나 생모가 이를 인지할 수 있다(민법 §855①).

구 분	내 용
	㉣ 본인이 「독점규제 및 공정거래에 관한 법률」에 따른 기업집단에 속하는 경우 그 기업집단에 속하는 다른 계열회사 및 그 임원 ※ 다음의 구분에 따른 요건에 해당하는 경우 해당 법인의 경영에 대하여 지배적인 영향력을 행사하고 있는 것으로 본다. ① 영리법인인 경우 ㈎ 법인의 발행주식총수 또는 출자총액의 30% 이상을 출자한 경우 ㈏ 임원의 임면권의 행사, 사업방침의 결정 등 법인의 경영에 대하여 사실상 영향력을 행사하고 있다고 인정되는 경우 ② 비영리법인인 경우 ㈎ 법인의 이사의 과반수를 차지하는 경우 ㈏ 법인의 출연재산(설립을 위한 출연재산만 해당)의 30% 이상을 출연하고 그 중 1인이 설립자인 경우
세무조사	국세의 과세표준과 세액을 결정 또는 경정하기 위하여 질문을 하거나 해당 장부·서류 또는 그 밖의 물건(이하 "장부등")을 검사·조사하거나 그 제출을 명하는 활동을 말한다.

PART 02

조세법의 기본원칙

Ⅰ. 조세법률주의

Ⅱ. 조세평등주의

Ⅲ. 신의성실의 원칙

PART 02

조세법의 기본원칙

I 조세법률주의

1. 의　　의

국가는 법률의 근거없이 조세를 부과·징수할 수 없고, 마찬가지로 국민은 법률의 근거없이 조세의 납부를 요구받지 않는다. 이러한 원칙이 조세법률주의이다. 우리나라 헌법 제38조는 이러한 조세법률주의를 선언하고 있다.

헌법 제38조
"모든 국민은 법률이 정하는 바에 의하여 납세의 의무를 진다."

국가의 과세권은 헌법의 규정에 의하여 비로소 창설되는 것이 아니고 필연적으로 국가에 귀속되는 권력이다. 또한 국민이 국가의 재정적 경비를 분담할 의무를 부담하는 것도 당연한 일이다. 따라서 조세법률주의에 관한 헌법의 규정은 확인적·선언적 성격을 가진다고 할 것이다.

2. 조세법률주의의 내용

(1) 입법 및 해석상의 원칙

1) 과세요건 법정주의

가. 개념

과세는 국민의 재산권 보장을 침해하게 되므로 과세요건과 조세의 부과·징수절차를 모두 법률로 규정해야 한다는 원칙이 과세요건 법정주의이다. 조세의 부과·징수절차라 함은 신고·납부·환급·조사결정·징수·불복심사·벌칙 등 세법상 국민의 권리·의무에 직접 영향을 주는 일체의 사항을 뜻한다. 이와 같이 조세에 관한 모든 사항을 법으로 정하는 것은 국가의 과세권 남용으로부터 국민의 재산권을 보장하기 위함이다.

나. 과세요건 법정주의와 위임입법의 문제

과세요건 법정주의는 조세에 관한 모든 사항을 법률에 의하여 완결적으로 규정할 것을 요구한다. 따라서 법률에 근거를 두지 않고서는 시행령이나 시행규칙으로써 과세요건을 확대·변경·축소할 수 없고, 법률에 위반하는 시행령이나 시행규칙은 효력이 없다.

그러나 현대사회의 급진적 발전으로 세법의 규율대상이 급격히 생성·변전함에 따라 위임입법금지의 원칙[1]에도 불구하고 위임입법의 가속화를 야기하게 되었다.

위임입법은 법률에 의하여 구체적으로 범위를 정해 위임한 사항을 행정기관이 그 범위 안에서 모법이 정한 기준과 조건에 따라 명령을 정립하는 것을 말한다. 이를 개별수권 또는 개별위임이라고 한다. 헌법 제75조는 개별위임을 규정하고 있다.

헌법 제75조

"대통령은 법률에서 구체적으로 범위를 정하여 위임받은 사항과 법률을 집행하기 위하여 필요한 사항에 관하여 대통령령을 발할 수 있다."

이 때 위임사항을 규정하는 모법은 위임의 범위와 수임기관이 근거할 기준과 조건을 명시적으로 규정하여야 한다. 이를 초월 또는 위배하여 명령으로 규정한다면 이는 무효가 된다.

법률이 국민의 권리와 의무에 관한 사항을 행정입법으로 위임함에 있어서 포괄적이고 추상적인 기준·조건·범위를 정함에 그치고, 그 구체적이고 명확한 범위와 기준·조건을 정하지 않는 것을 포괄수권 또는 포괄(백지)위임이라고 한다.

개별위임과 포괄위임을 구분하는 것은 현실적으로 매우 모호하나, 헌법재판소는 조세법상의 포괄위임 여부를 판단하는 기준을 다음과 같이 제시한 바 있다(헌법재판소 1998. 7. 16. 선고 96헌바52 외 병합).

「입법을 위임할 경우에는 법률에 미리 대통령령으로 규정될 내용 및 범위의 기본사항을 구체적으로 규정하여 둠으로써 행정권에 의한 자의적인 법률의 해석과 집행을 방지하고 의회입법과 법치주의의 원칙을 달성하고자 하는 헌법 제75조의 입법취지에 비추어 볼 때, '구체적으로 범위를 정하여'라 함은 법률에 대통령령 등 하위법규에 규정될 내용 및 범위의 기본사항이 가능한 한 구체적이고도 명확하게 규정되어 있어서 누구라도 당해 법률 그 자체로부터 대통령령 등에 규정될 내용의 대강을 예측할 수 있어야 함을 의미한다고 할 것이고, 그 예측가능성의 유무는 당해 특정조항 하나만을 가지고 판단할 것은 아니고 관련 법조항 전체를 유기적·체계적으로 종합판단하여야 하며, 각 대상법률의 성질에 따라 구체적·개별적으로 검토하여야 한다. 그리고 이와 같은 위임의 구체성·명확성의 요구 정도는

1) 19세기의 입헌군주국가에 있어서는 국민의 재산에 관한 사항을 국민의 대표기관인 의회의 제정법률로 정할 것을 요구하고, 의회가 제정한 법률에 대하여는 다른 국가의사보다 우월하는 지위를 부여함으로써 소위 법률 지배의 원칙이 확립되었다. 따라서 의회 아닌 다른 기관에 대한 입법권 금지론이 지배적이었다(최명근, 『세법학총론』, 2006, 세경사, 84면).

그 규율대상의 종류와 성격에 따라 달라질 것이지만 특히 처벌법규나 조세법규와 같이 국민의 기본권을 직접적으로 제한하거나 침해할 소지가 있는 법규에서는 구체성 · 명확성의 요구가 강화되어 그 위임의 요건과 범위가 일반적인 급부행정의 경우보다 더 엄격하게 제한적으로 규정되어야 하는 반면에, 규율대상이 지극히 다양하거나 수시로 변화하는 성질의 것일 때에는 위임의 구체성 · 명확성의 요건이 완화되어야 할 것이다.

세법분야에 위임입법이 받아들여진 경우 다음과 같은 위험성이 있다는 것을 유의하여야 한다.

행정권에 의한 명령의 정립과정은 공개되지 않기 때문에 납세의무자간 상반되는 이해관계를 총합적으로 조정할 기회가 없고 압력단체의 불공정한 요구가 관철되기 쉽다. 이렇게 되면 조세정의가 무너지고 국민의 납세의식을 저해하게 된다. 따라서 납세의무자간 조세부담의 경중은 법률로써 제정해야 하고 위임입법은 그 범위가 보다 축소되어야 한다.

또한 행정입법에 과세요건에 관계되는 사항들이 위임되는 사례들이 있는 바, 이는 모법에서 규정한 것보다 납세의무의 범위를 확대시키는 위험성을 가지게 되고, 이는 결국 조세법률주의의 형해화를 초래할 수 있다.

다. 과세요건 법정주의와 조세예규통첩

예규통첩은 상급 행정관청이 하급 행정청에 내리는 법령해석이나 행정운용방침 등에 관한 명령 내지 지시이다. 예규통첩은 행정조직체 내부에 한하여 구속력이 있을 뿐 일반국민에 대하여는 아무런 구속력이 없기 때문에 세법의 법원이 되지 못한다.

그런데 조세행정의 실제에 있어서는 예규통첩을 기준으로 하여 과세처분이 이루어지는 사례가 많아 사실상 법령과 같은 위력을 발휘하기도 한다. 설사 예규통첩의 내용이 법령에 저촉된다 하더라도 하급 행정청은 이에 무조건 따르게 되고 일방적으로 강행시킨다. 이에 따라 납세의무자는 그 예규통첩을 받아들일 수 밖에 없게 된다. 과세관청에 비해 열세한 납세의무자는 과세관청에 압도당하는 것이다.

위법한 예규통첩이 과세행정상에 정착하고 실질적으로 납세의무자에 대하여 구속력을 발생하게 되는 결과가 초래된다면 조세법률주의를 위협하는 또다른 요소가 될 것이다.

만약 과세관청이 예규통첩의 위법함을 깨닫고 그 내용을 바꾸어 납세의무자에게 소급하여 과세할 수 있는가 하는 문제와 관련하여서는 금반원의 원칙 문제로 다루게 된다. 이에 대해 규정한 것이 「국세기본법」에 따른 소급과세 금지규정이다.

2) 과세요건 명확주의

가. 개념

과세요건 명확주의는 과세요건을 법률로 정하되 그 규정은 일의적이고 명확하며 상세하여야 한다는 원칙을 말한다. 국민은 조세효과를 고려하여 경제적 의사결정을 하므로 그 조세부담의 정도를 정확하게 예측할 수 있어야 한다. 그러므로 과세요건은 법률로 정하여야 할 뿐만 아니라 그 내용이 명확하고 일의적으로 이해될 수 있게 함으로써 국민의 경제생활에 법적 안정성과 예측가능성을 보장해야 하는 것이다.

만일, 조세법의 내용이 지나치게 추상적이고 불명확하여 과세관청의 자의적 해석이 가능하고, 그 집행이 자유재량에 맡겨진다면 조세관계를 법률로써 규정한다는 의의는 상실되는 것이다. 그러므로 조세법에 있어서는 과세관청의 자유재량을 인정하는 규정을 설정하는 것은 원칙적으로 허용되지 않고, 또 세법의 규정에 불확정개념을 사용하는 것은 지양해야 한다.

나. 세법규정상의 불확정개념 문제

법문에 사용된 용어의 개념이 확정적으로 명백한 것이 아니라면 그 법률운용에 있어서 우월한 지위에 있는 행정기관에 넓은 범위의 재량을 인정하는 결과가 된다. 더욱이 특별한 반대급부 없이 강제적으로 부과·징수함에 따라 국민의 재산권을 침해하는 조세법률관계에 있어서 불확정개념의 용어에 의해 과세요건이 규정된다면 조세법률주의의 이념은 그 의미를 상실할 것이다.

불확정개념이란 법률이 행정처분의 요건을 규정함에 있어서 행정청에 재량·선택의 여지를 주는 추상적·다의적·불확정적인 개념의 용어를 말한다. 불확정개념의 용어에는 두 가지의 경우가 있다.

첫째는 '정의', '공정', '공익상 필요가 있을 때' 등 가치개념을 내용으로 하는 불확정개념이다. 가치개념의 불확정개념은 그 내용이 너무나 추상적이고 다의적이기 때문에 해석에 의하여 그 개념 파악이 곤란하다. 가치개념의 용어에 의하여 과세요건이 규정된다면 사실상 공권력의 자의판단에 납세의무의 한계 내지 범위를 맡기는 결과가 된다. 이는 백지위임과 다르지 아니하므로 과세요건 명확주의에 위배되어 무효라고 해석해야 한다.

둘째는 경험개념을 내용으로 하는 불확정개념의 용어로서 법의 취지나 목적에 비추어 논리적 해석을 하면 그 규정의 개념·의미 내지 내용이 명확해지는 것들이다. 이러한 용어를 사용한 규정들은 과세관청의 자유재량권으로 확장해석하거나 유추해석하면 안 된다. 즉, 세법의 엄격해석을 요구하는 것이다.

납세의무의 한계를 명백히 하고 법적 안정성과 예측가능성을 보장하는 것이 조세법률주의의 중요한 기능이라고 할 때 불확정개념의 사용은 바람직하지 못하다. 그러나 세법이 규율대상으로 삼는 모든 경제사상을 구체적이고 일의적으로 법률에 명확히 규정한다는 것은 불가능하다. 이러한 사정으로 조세법률주의의 본질적 기능을 저해하지 아니하는 한도 내에서 불확정개념 및 추상적 개념의 사용을 무작정 거부할 수는 없는 것이다.

세법 규정에서 불확정개념의 사용을 인정하는 경우 그것이 과세기관에 대하여 자유재량권을 부여하는 것으로 이해하여서는 안된다. 세법 운용에 있어서 불확정개념은 경험법칙에 따라 합리성과 객관성을 추구하여 법률이 정하는 바의 의미 및 내용을 객관적으로 인식해야 한다.

다. 과세요건의 명확성과 차용개념 문제

세법은 공법에 속하지만 사법상 내지 사경제상의 경세사상을 규율의 대상으로 삼고 있는 탓에 사법에서 사용하고 있는 개념·용어들이 사용되고 있는 경우가 많다. 이를 사법개념의 차용이라고 하고 그 차용되고 있는 개념 및 용어를 차용개념이라고 한다. 세법에 차용된 개념·용어에는 두 가지 유형이 있다.

첫째는 세법 고유의 이론에 의하여 해석할 여지가 전혀 없는 유형이다. 이를 예시하면 다음과 같다.

「법인세법」 제16조 제1항 제2호 나목
"「자산재평가법」에 따른 재평가적립금"

이러한 차용개념들은 그 개념이 원래 속해 있는 법에서 사용되어 오는 개념 그대로 세법에서도 해석되어야 함을 명백히 하고 있는 것이다.

둘째는 그 차용개념을 세법에서 독자적으로 해석을 해야하는 것인가의 여부가 불명확한 유형이다. 이익 또는 이익의 배당, 부동산, 지상권, 상속, 증여, 주주 등 그 예시는 무수히 많다. 이러한 용어의 경우 그 용어가 동일하다고 하더라도 원래 그것이 속해 있는 법에서의 의미와 다른 의미로 취급할 것을 세법에 특별히 규정하고 있는 경우에는 차용개념이라기 보다는 세법의 고유개념으로 전환되었다고 보아야 한다. 그렇다면 세법에서 특별한 규정을 두지 아니한 차용개념은 어떻게 해석할 것인가? 이에 대해 다음과 같은 견해들이 있다.

첫째, 세법에서 차용한 사법상의 개념 또는 용어는 대등한 지위에 있는 사인 당사자 간의 이해조정에 바탕을 두고 있는 사법과는 달리 대등하지 않은 지위에 있는 과세권자와 납세의무자 간의 조세법률관계에 대한 성립요건을 규정하는 법이므로 같은 개념 또는 용어라고 하더라도 그것을 사법에서의 해석과 같이 할 것이 아니라 세법의 목적에 비추어 합목적적으로 해석함으로써 사법상에서 사용되는 의미·내용보다 때로는 광의로, 때로는 협의로 해석하여야 한다는 견해이다.

둘째, 조세법률주의의 원칙은 세법의 엄격해석의 기준이 되는 것이기 때문에 세법에서 사용하는 용어는 엄격히 해석하여야 하며, 헌법을 근간으로 존재하는 하나의 법체계하에 있어서 동일한 용어는 동일한 의미·내용으로 해석되어야 한다는 견해이다. 따라서 차용개념은 그 의미·내용을 사법상의 해석과 다르게 해석할 것을 세법에 특별히 규정하고 있지 않은 한 사법상에서 사용되는 의미·내용과 동일하게 해석하여야 한다는 것이다.

셋째, 차용개념과 고유개념은 그 경계가 애매하여 명백하지 못하고 어느 정도 목적론적 해석을 해야하는 것은 불가피한 것이 현실이므로 세법 목적에 의한 합목적적 해석이 금지

될 이유가 없다고 하는 견해이다.

3) 소급과세금지

가. 개념

세법의 효력 발생 전에 종결된 사실에 소급하여 이를 조세부과의 요건으로 삼지 못한다는 것을 의미한다. 소급과세의 금지는 기득권의 존중, 조세법률관계에 있어서의 법적안정성의 보장 및 법질서에 대한 신뢰이익의 보호에 기여한다.

소급과세금지의 원칙은 반드시 절대적인 것은 아니고 국민의 기득권을 침해하지 않고 법률생활의 안정을 교란시키지 않으며 법치원리에 반하지 않는 경우에는 예외적으로 허용된다고 보는 것이 일반적 견해이다. 즉, 새로운 법이 과거의 조세를 경감시키는 것과 같이 국민에게 이익을 주는 법률의 소급효는 제한없이 허용되지만 세율을 인상하여 과거에 소급적용하는 것과 같이 국민에게 불이익을 주는 법률의 소급효는 인정할 수 없다고 하는 것이 통설이다.

나. 진정소급과 부진정소급

세법의 소급적용은 세법 시행 전에 완결된 사실에 대하여 새로 제정된 법을 적용하는 경우인 진정소급과 새로운 법의 시행 전부터 계속되고 있는 사실 내지 법률관계에 대하여 새로운 법을 적용하는 경우인 부진정소급으로 나눈다. 부진정소급은 소급적용금지에 반하지 않는다고 해석하는 것이 일반적이다.

(2) 집행상의 원칙

조세행정은 법률의 엄격한 지배를 받는다. 이를 조세행정의 합법성의 원칙이라고 한다. 조세는 국민의 기본권으로서 헌법이 보장하고 있는 재산권에 대하여 침해적 성격을 가지고 있기 때문에 조세행정은 다른 행정보다 그 적법성을 더 엄격히 요구한다.

세무행정은 세법의 규정에 따라 조세목적을 실현하는 절차이다. 따라서 조세절차법에서는 법의 적정절차 보장이 각별히 요구된다. 따라서 조세법률주의는 입법의 규율을 넘어 그 집행절차까지 규율하는 개념이 된다.

Ⅱ 조세평등주의

1. 개 념

조세평등주의는 조세의 부담이 공평하게 국민들 사이에 배분되도록 세법을 제정하여야 하고, 조세법률관계의 각 당사자로서의 국민은 세법상의 적용에 있어서 평등하게 취급되어야 한다는 원칙이다.

2. 세법의 해석기준으로서의 지위

(1) 소극적 견해

조세평등주의는 조세입법상의 지도적 원칙에 불과하고 세법의 해석·적용에 있어서는 조세법률주의에 의한 엄격해석과 유추해석의 금지를 전제로 하기 때문에 조세법률주의의 엄격한 준수 그 자체가 바로 조세평등을 실현하는 길이라고 한다. 조세평등주의라는 부정확한 추상적 가치기준을 세법의 해석·적용의 기준으로 삼을 경우 그 기준의 모호성 때문에 조세법률주의를 형해화시킬 위험성이 크다고 한다.

(2) 적극적 견해

조세법이 공평부담의 원칙을 전제로 하면서 조세수입의 확보를 의도하고 있는 것이므로 구체적으로 세법을 시행함에 있어서도 공평부담의 원칙이 세법의 해석·적용상의 지도원리 내지 기준이 된다고 한다.

그러나 조세평등주의를 실현하기 위하여 세법에서 인정하는 실질과세의 원칙과 부당행위계산의 부인은 부정확한 개념 또는 추상적 판단기준이 세법의 영역에 침투하는 것을 허용하는 결과가 되어 과세권자의 자의를 초래할 위험성이 크다. 따라서 조세평등주의는 조세법률주의의 테두리 안에서 조세법률주의에 대해 보조적으로 기능하도록 그 적용범위를 제한하여야 한다.

3. 실질과세의 원칙

(1) 실질과세의 원칙

국세기본법 제14조 실질과세

제1항

"과세의 대상이 되는 소득, 수익, 재산, 행위 또는 거래의 귀속이 명의일 뿐이고 사실상 귀속되는 자가 따로 있을 때에는 사실상 귀속되는 자를 납세의무자로 하여 세법을 적용한다."

제2항

"세법 중 과세표준의 계산에 관한 규정은 소득, 수익, 재산, 행위 또는 거래의 명칭이나 형식과 관계없이 그 실질 내용에 따라 적용한다."

이를 실질과세의 원칙이라고 한다. 실질과세의 원칙은 조세법에 내재하고 있는 조리이며, 실정법에서 이를 규정한 것은 그것이 창설적 의미를 갖는 것이 아니고 이미 조세법에 내재하는 기본적인 원칙을 확인 선언하는데 불과하다고 해석하는 것이 통설이다.

(2) 실질의 의미

1) 법적 실질론

이 견해는 실질과세의 원칙에 있어서 형식과 실질의 문제를 법형식(겉으로 보이는 형식)과 법실질(진실한 법률사실)의 문제로 파악한다. 겉으로 보이는 형식과 진실한 법률사실이 서로 다른 경우에 진실한 법률사실에 대하여 법이 적용되도록 세법을 해석하고 적용하며 요건사실을 인정해야 한다고 한다.

채무자가 자기소유 부동산에 대한 채권자의 강제집행을 피하기 위하여 타인과 통모하여 그에게 매도한 것처럼 등기명의를 이전하는 경우에는 그 소유권이 타인에게 이전되지 않은 것이 진실한 법률사실이 되고, 증여의 의사를 감추고 매매로 가장하는 경우에는 증여가 진실한 법률사실이 되므로 그 진실한 법률사실에 대하여 세법을 적용하는 것이 실질과세의 원칙이라고 이해하는 것이다.

법적 실질론은 실질과세의 원칙이 적용되는 범위를 극도로 제한하는 것이 되어 과세관청에 의한 실질과세의 원칙 남용을 억제하는데 크게 공헌할 수 있다.

2) 경제적 실질론

이 견해는 실질과세의 원칙에 있어서 형식 대 실질의 문제를 법형식(사법상 법률요건을 충족한 법률사실)과 경제적 실질의 문제로 파악한다.

조세는 응능부담의 원칙에 따라 공평하게 부과되어야 하며 납세의무자의 측면에서 보면 그 공평한 부담은 경제적 부담이다. 따라서 그 경제적 부담이 귀착해야 할 곳은 납세자가 지배·관리하고 있는 경제력이어야 한다. 납세자 각자가 가지고 있는 경제력은 법적 보장을 수반하고 있는 경우가 대부분이지만 때로는 법적 보장이 뒷받침되지 못한 사실상의 경제력에 해당하는 경우도 있다. 법형식 상의 외관과 경제적 실질이 서로 부합하지 아니하는 것이다. 조세는 곧 경제적 부담이고 조세를 납부해야 할 능력은 납세자의 경제력이라고 볼 때 조세를 경제적 실질에 과세하여야 한다.

Ⅲ 신의성실의 원칙

신의성실의 원칙이란 자기의 언동 등 어떤 표시에 의해 다른 사람으로 하여금 어떤 사실을 그릇되게 믿도록 한 사람은 그 그릇되게 믿은 사실에 기초를 두고 행동한 다른 사람에 대하여 그 표시와 모순되는 사실을 주장하지 못한다는 원칙이다.

PART 03

과세요건

Ⅰ. 납세의무자

Ⅱ. 과세대상

Ⅲ. 과세표준

Ⅳ. 세　　율

PART 03

과세요건

I 납세의무자

1. 납세자와 납세의무자

납세의무자란 세법에 따라 국세를 납부할 의무(국세를 징수하여 납부할 의무는 제외)가 있는 자를 말한다.

한편, 납세자란 납세의무자(연대납세의무자와 납세자를 갈음하여 납부할 의무가 생긴 경우의 제2차 납세의무자 및 보증인 포함)와 세법에 따라 국세를 징수하여 납부할 의무를 지는 자를 말한다.

세법에 따라 국세(이와 관계되는 가산세 제외)를 징수하는 것을 원천징수라 하고, 원천징수의 의무를 부담하는 자를 원천징수의무자라 한다.

즉, 원천징수의무자는 납세자이나 납세의무자는 아니다.

2. 연대납세의무자

세법상 연대납세의무는 「민법」의 연대채무를 차용한 것이다. 「민법」상 연대채무의 내용은 다음과 같다.

> **"수인의 채무자가 채무전부를 각자 이행할 의무가 있고 채무자 1인의 이행으로 다른 채무자도 그 의무를 면하게 되는 때에는 그 채무는 연대채무로 한다."**

이를 바탕으로 세법상 연대납세의무를 설명하면 다음과 같다.

> **"수인의 연대납세의무자가 납세의무 전부를 각자 이행할 의무가 있고 연대납세의무자 1인의 이행으로 다른 연대납세의무자가 그 의무를 면하게 되는 때에는 그 납세의무는 연대납세의무로 한다."**

「국세기본법」에서 준용한 「민법」상 연대채무의 규정은 다음과 같다.

구 분	내 용
제414조 각 연대채무자에 대한 이행청구	채권자는 어느 연대채무자에 대하여 또는 동시나 순차로 모든 연대채무자에 대하여 채무의 전부나 일부의 이행을 청구할 수 있다.
제415조 채무자에 생긴 무효, 취소	어느 연대채무자에 대한 법률행위의 무효나 취소의 원인은 다른 연대채무자의 채무에 영향을 미치지 아니한다.
제416조 이행청구의 절대적 효력	어느 연대채무자에 대한 이행청구는 다른 연대채무자에게도 효력이 있다.
제419조 면제의 절대적 효력	어느 연대채무자에 대한 채무면제는 그 채무자의 부담부분에 한하여 다른 연대채무자의 이익을 위하여 효력이 있다.
제421조 소멸시효의 절대적 효력	어느 연대채무자에 대하여 소멸시효가 완성한 때에는 그 부담부분에 한하여 다른 연대채무자도 의무를 면한다.
제423조 효력의 상대성의 원칙	제415조, 제416조, 제419조 및 제421조의 사항 외에는 어느 연대채무자에 관한 사항은 다른 연대채무자에게 효력이 없다.
제425조 출재채무자의 구상권	① 어느 연대채무자가 변제 기타 자기의 출재로 공동면책이 된 때에는 다른 연대채무자의 부담부분에 대하여 구상권을 행사할 수 있다.*1 ② 전항의 구상권은 면책된 날 이후의 법정이자 및 피할 수 없는 비용 기타 손해배상을 포함한다.
제426조 구상요건으로서의 통지	① 어느 연대채무자가 다른 연대채무자에게 통지하지 아니하고 변제 기타 자기의 출재로 공동면책이 된 경우에 다른 연대채무자가 채권자에게 대항할 수 있는 사유가 있었을 때에는 그 부담부분에 한하여 이 사유로 면책행위를 한 연대채무자에게 대항할 수 있고 그 대항사유가 상계인 때에는 상계로 소멸할 채권은 그 연대채무자에게 이전된다.*2 ② 어느 연대채무자가 변제 기타 자기의 출재로 공동면책되었음을 다른 연대채무자에게 통지하지 아니한 경우에 다른 연대채무자가 선의로 채권자에게 변제 기타 유상의 면책행위를 한 때에는 그 연대채무자는 자기의 면책행위의 유효를 주장할 수 있다.
제427조 상환무자력자의 부담부분	① 연대채무자 중에 상환할 자력이 없는 자가 있는 때에는 그 채무자의 부담부분은 구상권자 및 다른 자력이 있는 채무자가 그 부담부분에 비례하여 분담한다. 그러나 구상권자에게 과실이 있는 때에는 다른 연대채무자에 대하여 분담을 청구하지 못한다. ② 전항의 경우에 상환할 자력이 없는 채무자의 부담부분을 분담할 다른 채무자가 채권자로부터 연대의 면제를 받은 때에는 그 채무자의 분담할 부분은 채권자의 부담으로 한다.*3

*1 연대채무자 중 1인이 변제하더라도 이는 자기 채무의 면제에 불과하고 타인의 사무관리 또는 수임자로서 한 것이 아니지만 실질적으로는 다른 채무자가 부당이득을 얻으므로 공평의 원칙상 법률로 구상권을 부여한 것이라고 보는 실질적 부당이득설과 연대채무는 대외적으로는 채무의 전부를 부담하지만 대내적으로는 분담관계를 본질로 하므로 그 본질을 반영하여 구상권을 부여한 것이라고 보는 당연존재설의 설명이 있다.

*2 세법법률관계에서는 상계가 허용될 수 없다고 해석하는 것이 타당하므로 해당 부분은 준용되지 않는다.
*3 과세관청이 특정한 연대납세의무자에게 연대의 면제를 해주는 것은 조세공평주의에 반하기 때문에 국세기본법에 적용될 수 없다.

참고 준용하지 않는 규정(「민법」 제418조 상계의 절대적 효력)

구 분	내 용
조문의 내용	① 어느 연대채무자가 채권자에 대하여 채권이 있는 경우에 그 채무자가 상계한 때에는 채권은 모든 연대채무자의 이익을 위하여 소멸한다. ② 상계할 채권이 있는 연대채무자가 상계하지 아니한 때에는 그 채무자의 부담부분에 한하여 다른 연대채무자가 상계할 수 있다.
준용여부	「국세기본법」은 상계의 절대적 효력을 정하고 있는 「민법」 제418조에 대하여 그 준용을 배제하고 있다.
준용배제이유	① 연대납세의무자가 조세채권을 일방적으로 상계할 수는 없다. ② 조세채권채무관계에 있어서 연대납세의무자는 조세채권자인 국가에 대하여 국세환급금 채권을 가질 수 있다. 국세환급금은 「국세기본법」에 따라 세무서장이 체납된 국세 등에 충당하므로 「민법」의 규정을 준용하지 않는다.

(1) 국세기본법

공유물(共有物), 공동사업 또는 그 공동사업에 속하는 재산과 관계되는 국세 및 강제징수비는 공유자 또는 공동사업자가 연대하여 납부할 의무를 진다. 공유물이나 공동사업에 관한 권리의무는 공동소유자나 공동사업자에게 공동으로 귀속된다. 따라서 공유물이나 공동사업에 관련된 국세 및 강제징수비를 부담할 수 있는 능력 또한 공동의 것으로 파악하는 것이 합리적이다. 이러한 이유로 국세기본법에서는 공동소유자나 공동사업자에게 연대납세의무를 지우고 있다.

법인이 분할되거나 분할합병된 후 분할되는 법인(이하 '분할법인')이 존속하는 경우 분할법인, 분할 또는 분할합병으로 설립되는 법인(이하 '분할신설법인'), 분할법인의 일부가 다른 법인과 합병하는 경우 그 합병의 상대방인 다른 법인(이하 '분할합병의 상대방 법인')은 분할등기일 이전에 분할법인에 부과되거나 납세의무가 성립한 국세 및 강제징수비에 대하여 분할로 승계된 재산가액을 한도로 연대하여 납부할 의무가 있다.

법인이 분할 또는 분할합병한 후 소멸하는 경우 분할신설법인, 분할합병의 상대방 법인은 분할법인에 부과되거나 분할법인이 납부하여야 할 국세 및 강제징수비에 대하여 분할로 승계된 재산가액을 한도로 연대하여 납부할 의무가 있다.

법인은 「채무자 회생 및 파산에 관한 법률」 제215조에 따라 회생채권자 · 회생담보권자 · 주주 · 지분권자에 대하여 새로 납입 또는 현물출자를 하지 아니하고 주식 또는 출자지분을 인수하게 함으로써 신회사(주식회사 또는 유한회사에 한함)를 설립할 수 있다. 이에 따라 신회사를 설립하는 경우 기존의 법인에 부과되거나 납세의무가 성립한 국세 및 강제징수비는 신회사가 연대하여 납부할 의무를 진다.

[표 3-1] 국세기본법상 연대납세의무

구 분		연대납세의무	연대납세의무자
공유물, 공동사업 또는 그 공동사업에 속하는 재산		공유물, 공동사업 또는 그 공동사업에 속하는 재산에 관계되는 국세	공유자 또는 공동사업자
분할 및 분할합병	존속분할	분할등기일 이전에 분할법인에 부과되거나 납세의무가 성립한 국세 및 강제징수비	분할법인, 분할신설법인 및 분할합병의 상대방 법인*
	소멸분할	분할법인에 부과되거나 분할법인이 납부하여야 할 국세 및 강제징수	분할신설법인, 분할합병의 상대방 법인*
신회사 설립		기존의 법인에 부과되거나 납세의무가 성립한 국세 및 강제징수비	신회사

* 분할로 승계된 재산가액을 한도로 연대납세의무를 부담한다.

(2) 법인세법

연결법인은 각 연결사업연도의 소득에 대한 법인세(각 연결법인의 토지등 양도소득에 대한 법인세 및 「조세특례제한법」에 따른 투자·상생협력 촉진을 위한 과세특례를 적용하여 계산한 법인세를 포함한다)를 연대하여 납부할 의무가 있다. 연결법인이란 연결납세방식을 적용받는 내국법인을 말하며, 연결납세방식이란 둘 이상의 내국법인을 하나의 과세표준과 세액을 계산하는 단위로 하여 법인세를 신고·납부하는 방식을 말한다.

법인이 해산한 경우에 원천징수하여야 할 법인세를 징수하지 아니하였거나 징수한 법인세를 납부하지 아니하고 잔여재산을 분배한 때에는 청산인과 잔여재산의 분배를 받은 자가 각각 그 분배한 재산의 가액과 분배받은 재산의 가액을 한도로 그 법인세를 연대하여 납부할 책임을 진다.

(3) 소득세법

사업소득이 발생하는 사업을 공동으로 경영하고 그 손익을 분배하는 공동사업(경영에 참여하지 아니하고 출자만 하는 출자공동사업자가 있는 공동사업을 포함한다)의 경우에는 해당 사업을 경영하는 장소(이하 '공동사업장')를 1거주자로 보아 공동사업장별로 그 소득금액을 계산한다.

공동사업에서 발생한 소득금액은 해당 공동사업을 경영하는 각 거주자(출자공동사업자를 포함한다. 이하 '공동사업자') 간에 약정된 손익분배비율(약정된 손익분배비율이 없는 경우에는 지분비율을 말한다. 이하 '손익분배비율')에 의하여 각 공동사업자별로 분배한다. 각 공동사업자는 해당 공동사업자별로 소득세의 납세의무를 진다.

그러나 거주자 1인과 그의 특수관계인이 공동사업자에 포함되어 있는 경우로서 손익분배비율을 거짓으로 정하는 등의 사유가 있는 경우에는 그 특수관계인의 소득금액은 그 손익분배비율이 큰 공동사업자(손익분배비율이 같은 경우에는 대통령령으로 정하는 자로 한다. 이하 '주된 공동사업자')의 소득금액으로 보아 합산하는데 이를 공동사업합산과세라고 한다. 주된 공동사업자에게 합산과세되는 경우 그 합산과세되는 소득금액에 대해서는 주된 공동사업자의 특수관계인은 손익분배비율에 해당하는 그의 소득금액을 한도로 주된 공동사업자와 연대하여 납세의무를 진다.

법인이 해산한 경우에 원천징수를 하여야 할 소득세를 징수하지 아니하였거나 징수한 소득세를 납부하지 아니하고 잔여재산을 분배하였을 때에는 청산인은 그 분배액을 한도로 하여 분배를 받은 자와 연대하여 납세의무를 진다.

(4) 「상속세 및 증여세법」

상속세는 상속인 또는 수유자 각자가 받았거나 받을 재산을 한도로 연대하여 납부할 의무를 진다. 수유자란 유언에 의하여 유증을 받게 되는 사람을 말한다.

증여세는 재산을 증여받은 수증자가 납부하여야 한다. 그러나 다음의 어느 하나에 해당하는 경우에 증여자는 수증자가 납부할 증여세를 연대하여 납부할 의무가 있다. 다만, 「상속세 및 증여세법」 제4조 제1항 제2호 및 제3호, 제35조부터 제39조까지, 제39조의2, 제39조의3, 제40조, 제41조의2부터 제41조의5까지, 제42조, 제42조의2, 제42조의3, 제45조, 제45조의3부터 제45조의5까지 및 제48조(출연자가 해당 공익법인의 운영에 책임이 없는 경우로서 대통령령으로 정하는 경우만 해당한다)에 해당하는 경우는 제외한다.

① 수증자의 주소나 거소가 분명하지 아니한 경우로서 증여세에 대한 조세채권(租稅債權)을 확보하기 곤란한 경우

② 수증자가 증여세를 납부할 능력이 없다고 인정되는 경우로서 강제징수를 하여도 증여세에 대한 조세채권을 확보하기 곤란한 경우

③ 수증자가 비거주자인 경우

[표 3-2] 법인세법, 소득세법, 「상속세 및 증여세법」상 연대납세의무

구 분	연대납세의무	연대납세의무자
법인세법	① 연결납세방식	연결법인
	② 법인의 해산	청산인과 잔여재산의 분배를 받은 자
소득세법	① 공동사업합산과세	주된 공동사업자의 특수관계인
	② 법인의 해산	청산인
「상속세 및 증여세법」	① 상속재산	상속인 또는 수유자
	② 수증자에게 법정 사유가 있는 경우	증여자

3. 제2차 납세의무자

(1) 의 의

제2차 납세의무자란 납세자가 납세의무를 이행할 수 없는 경우에 납세자를 갈음하여 납세의무를 지는 자를 말한다.

제2차 납세의무는 조세징수의 확보를 위하여 주된 납세의무자의 재산에 대하여 강제집행을 하여도 징수하여야 할 조세에 부족한 경우에 그 주된 납세의무자와 특수관계에 있는 제3자에 대하여 그 징수부족액을 한도로 납세의무를 보충적으로 부담하도록 하는 제도이다.

제2차 납세의무자는 본인에 대한 보충적 납세의무의 부과를 예측하기 어려우므로 과세관청은 제2차 납세의무자에 관한 규정을 적용할 때에는 해당 문언을 엄격하게 해석하여야 하고 유추해석하거나 확대해석하여서는 안된다.

국세기본법상 제2차 납세의무에는 제38조 청산인 등의 제2차 납세의무, 제39조 출자자의 제2차 납세의무, 제40조 법인의 제2차 납세의무, 제41조 사업양수인의 제2차 납세의무가 있다.

제2차 납세의무의 성립시기에 관한 명문 규정은 없다. 다만, 대법원 판례에 따르면 주된 납세의무자의 체납 등 그 요건에 해당되는 사실의 발생에 의하여 추상적으로 성립한다.

(2) 제2차 납세의무의 특징

1) 부종성

부종성(附從性)이란 어떤 권리・의무가 주된 권리・의무의 경제적 목적을 달성하는 수단이 되는 경우에 법률상 그 성립・존속・태양・소멸 등에 주된 권리・의무와 운명을 같이 하는 성질을 말한다.

제2차 납세의무는 주된 납세의무자의 재산에 대하여 강제징수를 하여도 징수하여야 할 조세에 부족한 경우에 그 주된 납세의무자와 특수관계에 있는 제3자에 대하여 보충적으로 납세의무를 지우는 제도이다. 이는 조세징수를 확보하고자 함이며, 제2차 납세의무자는 주된 납세의무자로부터 징수할 수 없는 금액을 한도로 납세의무를 부담한다.

따라서 제2차 납세의무는 본래의 납세의무를 전제로 하여 성립하며, 본래의 납세의무가 납부 또는 면제 등에 의하여 소멸한 경우에는 제2차 납세의무도 당연히 소멸한다.

2) 보충성

주된 납세의무자의 재산에 대하여 강제징수를 하여도 주된 납세의무자로부터 징수하여야 할 국세와 강제징수비에 부족한 경우에는 그 부족액을 한도로 하여 제2차 납세의무가 성립한다. 이처럼 제2차 납세의무가 성립하기 위해서는 주된 납세의무에 징수부족액이 있을 것을 요건으로 한다. 다만, 그 징수부족액의 발생은 반드시 실제로 강제징수를 하여 부족액이 구체적으로 생기는 것까지는 요하지 않고 강제징수를 하였을 시 객관적으로 징수부족액이 생길 것으로 인정되면 충분하다.

[표 3-3] 제2차 납세의무의 부종성과 보충성

구 분	내 용
부종성	제2차 납세의무는 본래의 납세의무를 전제로 하여 성립하며, 본래의 납세의무가 소멸하면 제2차 납세의무도 당연히 소멸함
보충성	주된 납세의무에 징수부족액이 있을 때 그 부족액을 한도로 제2차 납세의무가 성립함

(3) 국세기본법상 제2차 납세의무자

1) 청산인 등의 제2차 납세의무

법인이 해산하여 청산하는 경우에 그 법인에 부과되거나 그 법인이 납부할 국세 및 강제징수비를 납부하지 아니하고 해산에 의한 잔여재산을 분배하거나 인도하였을 때에 그 법인에 대하여 강제징수를 하여도 징수할 금액에 미치지 못하는 경우에는 청산인 또는 잔여재산을 분배받거나 인도받은 자는 그 부족한 금액에 대하여 제2차 납세의무를 진다.

청산인은 분배하거나 인도한 재산의 가액을 한도로 제2차 납세의무를 지며, 잔여재산을 분배받거나 인도받은 자는 각자가 받은 재산의 가액을 한도로 제2차 납세의무를 진다.

2) 출자자의 제2차 납세의무

법인(증권시장에 주권이 상장된 법인은 제외한다)의 재산으로 그 법인에 부과되거나 그 법인이 납부할 국세 및 강제징수비에 충당하여도 부족한 경우에는 그 국세의 납세의무 성립일 현재 다음의 어느 하나에 해당하는 자는 그 부족한 금액에 대하여 제2차 납세의무를 진다. 다만, 과점주주의 경우에는 그 부족한 금액을 그 법인의 발행주식 총수(의결권이 없는 주식은 제외한다) 또는 출자총액으로 나눈 금액에 해당 과점주주가 실질적으로 권리를 행사하는 주식 수(의결권이 없는 주식은 제외한다) 또는 출자액을 곱하여 산출한 금액을 한도로 한다.

① 무한책임사원으로서 다음의 어느 하나에 해당하는 사원
  ㉠ 합명회사의 사원
  ㉡ 합자회사의 무한책임사원

② 주주 또는 다음의 어느 하나에 해당하는 사원 1명과 그의 특수관계인 중 대통령령으로 정하는 자로서 그들의 소유주식 합계 또는 출자액 합계가 해당 법인의 발행 주식 총수 또는 출자총액의 50%를 초과하면서 그 법인의 경영에 대하여 지배적인 영향력을 행사하는 자들(이하 '과점주주'라 한다)

㉠ 합자회사의 유한책임사원

㉡ 유한책임회사의 사원

㉢ 유한회사의 사원

3) 법인의 제2차 납세의무

국세(둘 이상의 국세의 경우에는 납부기한이 뒤에 오는 국세)의 납부기간 만료일 현재 법인의 무한책임사원 또는 과점주주(이하 '출자자'라 한다)의 재산(그 법인의 발행주식 또는 출자지분은 제외한다)으로 그 출자자가 납부할 국세 및 강제징수비에 충당하여도 부족한 경우에는 그 법인은 다음의 어느 하나에 해당하는 경우에만 그 부족한 금액에 대하여 제2차 납세의무를 진다.

① 정부가 출자자의 소유주식 또는 출자지분을 재공매(再公賣)하거나 수의계약으로 매각하려 하여도 매수희망자가 없는 경우

② 그 법인이 외국법인인 경우로서 출자자의 소유주식 또는 출자지분이 외국에 있는 재산에 해당하여 「국세징수법」에 따른 압류 등 강제징수가 제한되는 경우

③ 법률 또는 그 법인의 정관에 의하여 출자자의 소유주식 또는 출자지분의 양도가 제한된 경우(「국세징수법」 제66조 제5항에 따라 공매할 수 없는 경우는 제외한다)

법인의 제2차 납세의무는 다음의 금액을 한도로 한다.

$$(\text{자산총액} - \text{부채총액}) \times \frac{\text{출자자의 소유주식 금액 또는 출자액}}{\text{발행주식 총액 또는 출자총액}}$$

4) 사업양수인의 제2차 납세의무

사업이 양도·양수된 경우에 양도일 이전에 양도인의 납세의무가 확정된 그 사업에 관한 국세 및 강제징수비를 양도인의 재산으로 충당하여도 부족할 때에는 사업의 양수인은 그 부족한 금액에 대하여 양수한 재산의 가액을 한도로 제2차 납세의무를 진다.

제2차 납세의무를 부담하는 사업양수인이란 사업장별로 그 사업에 관한 모든 권리(미수금에 관한 것은 제외한다)와 모든 의무(미지급금에 관한 것은 제외한다)를 포괄적으로 승계한 자로서 다음의 어느 하나에 해당하는 자를 말한다.

① 양도인과 특수관계인인 자

② 양도인의 조세회피를 목적으로 사업을 양수한 자

사업의 양도인에게 둘 이상의 사업장이 있는 경우에 하나의 사업장을 양수한 자의 제2차 납세의무는 양수한 사업장과 관계되는 국세 및 강제징수비(둘 이상의 사업장에 공통되는 국세 및 강제징수비가 있는 경우에는 양수한 사업장에 배분되는 금액을 포함한다)에 대해서만 진다.

사업양수인은 양수한 재산의 가액을 한도로 제2차 납세의무를 부담하는데, 양수한 재산

의 가액이란 다음의 가액을 말한다.

① 사업의 양수인이 양도인에게 지급하였거나 지급하여야 할 금액이 있는 경우에는 그 금액

② ①에 따른 금액이 없거나 불분명한 경우에는 양수한 자산 및 부채를 「상속세 및 증여세법」의 규정을 준용하여 평가한 후 그 자산총액에서 부채총액을 뺀 가액

다만, ①에 따른 금액과 시가의 차액이 3억원 이상이거나 시가의 30%에 상당하는 금액 이상인 경우에는 ①의 금액과 ②의 금액 중 큰 금액으로 한다.

4. 보 증 인

보증인이란 납세자의 국세 또는 강제징수비의 납부를 보증한 자를 말한다. 납세의무의 부종성 및 보충성과 관련하여 별도의 명문 규정은 없으나 제2차 납세의무의 부종성 및 보충성이 보증인에게도 적용될 수 있다고 보는 것이 타당할 것이다.

보증인은 국세기본법 또는 세법에 따른 처분에 의하여 권리나 이익을 침해당하게 될 이해관계인으로서 위법 또는 부당한 처분을 받은 자의 처분에 대하여 그 처분의 취소 또는 변경을 청구하거나 그 밖에 필요한 처분을 청구할 수 있다.

5. 물적납세의무

(1) 국세기본법상 양도담보권자의 물적납세 의무

양도담보란 채무자가 채무보증의 한 방법으로 채권자에게 담보물의 소유권을 이전해주는 것을 말한다. 담보로 하려는 물건의 소유권을 채권자에게 옮겨주고 일정한 기간 내에 돈을 갚으면 소유권을 다시 되돌려받는 방법이다. 소유권을 완전히 넘긴다는 점에서 가등기와는 다르다.

납세자가 국세 및 강제징수비를 체납한 경우에 그 납세자에게 양도담보재산이 있을 때에는 그 납세자의 다른 재산에 대하여 강제징수를 하여도 징수할 금액에 미치지 못하는 경우에만 「국세징수법」에서 정하는 바에 따라 그 양도담보재산으로써 납세자의 국세 및 강제징수비를 징수할 수 있다. 다만, 그 국세의 법정기일 전에 담보의 목적이 된 양도담보재산에 대해서는 그러하지 아니하다.

양도담보재산이란 당사자 간의 계약에 의하여 납세자가 그 재산을 양도하였을 때에 실질적으로 양도인에 대한 채권담보의 목적이 된 재산을 말한다.

양도담보권자에게 납부고지가 있은 후 납세자가 양도에 의하여 실질적으로 담보된 채무를 불이행하여 해당 재산이 양도담보권자에게 확정적으로 귀속되고 양도담보권이 소멸하는 경우에는 납부고지 당시의 양도담보재산이 계속하여 양도담보재산으로서 존속하는 것

으로 본다.

(2) 부가가치세법상 수탁자의 물적납세의무

부가가치세를 납부하여야 하는 위탁자가 다음의 어느 하나에 해당하는 부가가치세등을 체납한 경우로서 그 위탁자의 다른 재산에 대하여 강제징수를 하여도 징수할 금액에 미치지 못할 때에는 해당 신탁재산의 수탁자는 그 신탁재산으로써 부가가치세법에 따라 위탁자의 부가가치세등을 납부할 의무(이하 '물적납세의무'라 한다)가 있다.

① 신탁 설정일 이후에 「국세기본법」에 따른 법정기일이 도래하는 부가가치세로서 해당 신탁재산과 관련하여 발생한 것

② ①의 금액에 대한 강제징수 과정에서 발생한 강제징수비

(3) 「상속세 및 증여세법」상 명의수탁자의 물적납세의무

실제소유자가 명의신탁재산의 증여 의제에 따른 증여세·가산금 또는 강제징수비를 체납한 경우에 그 실제소유자의 다른 재산에 대하여 강제징수를 하여도 징수할 금액에 미치지 못하는 경우에는 「국세징수법」에서 정하는 바에 따라 명의자에게 증여한 것으로 보는 재산으로써 납세의무자인 실제소유자의 증여세·가산금 또는 강제징수비를 징수할 수 있다.

명의신탁재산의 증여 의제란, 권리의 이전이나 그 행사에 등기등이 필요한 재산(토지와 건물은 제외한다)의 실제소유자와 명의자가 다른 경우에는 「국세기본법」 제14조(실질과세)에도 불구하고 그 명의자로 등기등을 한 날(그 재산이 명의개서를 하여야 하는 재산인 경우에는 소유권취득일이 속하는 해의 다음 해 말일의 다음 날을 말한다)에 그 재산의 가액(그 재산이 명의개서를 하여야 하는 재산인 경우에는 소유권취득일을 기준으로 평가한 가액을 말한다)을 실제소유자가 명의자에게 증여한 것으로 보는 것을 말한다.

명의신탁재산의 증여 의제의 경우 본래의 납세의무는 명의신탁재산의 실제 소유자가 부담하고 명의수탁자에게 물적납세의무를 부과한 것이다.

Ⅱ 과세대상

과세대상은 과세의 대상이 되는 물건, 행위 또는 사실로서 납세의무가 성립하기 위한 요소 중 하나이다. 과세대상이 어느 한 개인에게 귀속되는 순간 그 개인은 납세의무자가 되는데, 이와 같이 과세대상의 귀속에 따라 납세의무자가 결정되는 것을 과세대상의 귀속이라고 한다.

과세표준

과세표준(課稅標準)이란 세법에 따라 직접적으로 세액산출의 기초가 되는 과세대상의 수량 또는 가액(價額)을 말한다.

세　　율

세율은 세액을 산출하기 위하여 과세표준에 대하여 적용되는 비율을 말한다.

PART 04

납세의무의 성립

Ⅰ. 의　　의

Ⅱ. 법률관계에 미치는 영향

Ⅲ. 납세의무의 성립시기

PART 04

납세의무의 성립

I 의 의

납세의무는 법률이 정하는 과세요건이 충족되면 자동적으로 성립한다. 따라서 과세관청이나 납세의무자의 납세의무 성립을 위한 별도의 행위를 필요로 하지 않으며, 납세의무자가 관련 사실을 알지 못하였거나 알 수 없었는지의 여부는 납세의무의 성립에 영향을 미치지 않는다.

Ⅱ 법률관계에 미치는 영향

1. 납부고지

납세의무가 성립한 경우 그 납세의무를 구체적으로 확정하는 수단으로서의 납부고지를 할 수 있다.

2. 납세의무의 자동 확정

다음의 국세는 납세의무가 성립하는 때에 특별한 절차 없이 그 세액이 확정된다.

① 인지세
② 원천징수하는 소득세 또는 법인세
③ 납세조합이 징수하는 소득세
④ 중간예납하는 법인세(세법에 따라 정부가 조사·결정하는 경우는 제외한다)
⑤ 납부지연가산세 및 원천징수 등 납부지연가산세(납부고지서에 따른 납부기한 후의 가산세로 한정한다)

3. 소급과세의 금지

국세를 납부할 의무(세법에 징수의무자가 따로 규정되어 있는 국세의 경우에는 이를 징수하여 납부할 의무)가 성립한 소득, 수익, 재산, 행위 또는 거래에 대해서는 그 성립 후의 새로운 세법에 따라 소급하여 과세하지 아니한다.

4. 확정 전 압류

관할 세무서장은 납세자에게 다음의 어느 하나에 해당하는 사유가 있어 국세가 확정된 후 그 국세를 징수할 수 없다고 인정할 때에는 국세로 확정되리라고 추정되는 금액의 한도에서 납세자의 재산을 압류할 수 있다.

① 국세, 지방세 또는 공과금의 체납으로 강제징수 또는 체납처분이 시작된 경우
② 「민사집행법」에 따른 강제집행 및 담보권 실행 등을 위한 경매가 시작되거나 「채무자 회생 및 파산에 관한 법률」에 따른 파산선고를 받은 경우
③ 「어음법」 및 「수표법」에 따른 어음교환소에서 거래정지처분을 받은 경우
④ 법인이 해산한 경우
⑤ 국세를 포탈(逋脫)하려는 행위가 있다고 인정되는 경우
⑥ 납세관리인을 정하지 아니하고 국내에 주소 또는 거소를 두지 아니하게 된 경우

5. 출자자의 제2차 납세의무

법인(증권시장에 주권이 상장된 법인은 제외한다)의 재산으로 그 법인에 부과되거나 그 법인이 납부할 국세 및 강제징수비에 충당하여도 부족한 경우에는 그 국세의 납세의무 성립일 현재 출자자 또는 과점주주는 그 부족한 금액에 대하여 제2차 납세의무를 진다.

6. 납세의무의 승계

납세의무가 성립한 조세는 납세의무의 승계 대상이다.

납세의무의 성립시기

1. 일반적인 경우

구 분	납세의무의 성립시기
(1) 소득세·법인세	과세기간이 끝나는 때. 다만, 청산소득에 대한 법인세는 그 법인이 해산을 하는 때를 말한다.
(2) 상속세	상속이 개시되는 때
(3) 증여세	증여에 의하여 재산을 취득하는 때
(4) 부가가치세	과세기간이 끝나는 때. 다만, 수입재화의 경우에는 세관장에게 수입신고를 하는 때를 말한다.
(5) 개별소비세·주세 및 교통·에너지·환경세	과세물품을 제조장으로부터 반출하거나 판매장에서 판매하는 때, 과세장소에 입장하거나 과세유흥장소에서 유흥음식행위를 하는 때 또는 과세영업장소에서 영업행위를 하는 때. 다만, 수입물품의 경우에는 세관장에게 수입신고를 하는 때를 말한다.
(6) 인지세	과세문서를 작성한 때
(7) 증권거래세	해당 매매거래가 확정되는 때
(8) 교육세	① 국세에 부과되는 교육세 : 해당 국세의 납세의무가 성립하는 때 ② 금융 · 보험업자의 수익금액에 부과되는 교육세 : 과세기간이 끝나는 때
(9) 농어촌특별세	「농어촌특별세법」 제2조 제2항에 따른 본세의 납세의무가 성립하는 때
(10) 종합부동산세	과세기준일
(11) 가산세	① 무신고가산세 및 과소신고 · 초과환급신고가산세 : 법정신고기한이 경과하는 때 ② 납부지연가산세 및 원천징수 등 납부지연가산세 : 법정납부기한 경과 후 1일마다 그 날이 경과하는 때* ③ 납부지연가산세 : 납부고지서에 따른 납부기한이 경과하는 때* ④ 원천징수 등 납부지연가산세 : 법정납부기한이 경과하는 때 ⑤ 그 밖의 가산세 : 가산할 국세의 납세의무가 성립하는 때

* 다만, 제39조(출자자의 제2차 납세의무)를 적용할 때에는 법정납부기한이 경과하는 때로 한다.

2. 예　외

구　분	납세의무의 성립시기
(1) 원천징수하는 소득세·법인세	소득금액 또는 수입금액을 지급하는 때
(2) 납세조합이 징수하는 소득세 또는 예정신고납부하는 소득세	과세표준이 되는 금액이 발생한 달의 말일
(3) 중간예납하는 소득세·법인세 또는 예정신고기간·예정부과기간에 대한 부가가치세	중간예납기간 또는 예정신고기간 · 예정부과기간이 끝나는 때
(4) 수시부과(隨時賦課)하여 징수하는 국세	수시부과할 사유가 발생한 때

PART 05

납세의무의 확정

Ⅰ. 개　　요

Ⅱ. 신고납세세목

Ⅲ. 정부부과세목

Ⅳ. 자동확정세목

PART 05

납세의무의 확정

I 개 요

국세는 국세기본법 및 세법에서 정하는 절차에 따라 그 세액이 확정된다. 국세의 확정 방식은 확정주체에 따라 신고납세방식과 정부부과방식으로 나뉜다.

신고납세방식은 납세의무자의 신고행위에 의하여 납세의무가 확정되는 방식을 말하고, 정부부과방식은 정부의 부과고지에 의하여 납세의무가 확정되는 방식을 말한다.

납세의무자의 신고행위를 통하여 납세의무가 확정되는 세목을 신고납세세목이라고 하고, 정부의 부과고지에 의하여 납세의무가 확정되는 세목을 정부부과세목이라고 한다.

[표 5-1] 신고납세방식과 정부부과방식

구 분	내 용	비 고
신고납세방식	납세의무자의 신고행위에 의하여 납세의무가 확정되는 방식	신고납세세목
정부부과방식	정부의 부과고지에 의하여 납세의무가 확정되는 방식	정부부과세목

II 신고납세세목

다음의 국세는 납세의무자가 과세표준과 세액을 정부에 신고했을 때에 확정된다. 다만, 납세의무자가 과세표준과 세액의 신고를 하지 아니하거나 신고한 과세표준과 세액이 세법에서 정하는 바와 맞지 아니한 경우에는 정부가 과세표준과 세액을 결정하거나 경정하는 때에 그 결정 또는 경정에 따라 확정된다.

① 소득세

② 법인세

③ 부가가치세

④ 개별소비세

⑤ 주세
⑥ 증권거래세
⑦ 교육세
⑧ 교통・에너지・환경세
⑨ 종합부동산세(납세의무자가 「종합부동산세법」 제16조 제3항에 따라 과세표준과 세액을 정부에 신고하는 경우에 한정한다)

 정부부과세목

신고납세세목 외의 국세는 해당 국세의 과세표준과 세액을 정부가 결정하는 때에 확정된다.

 자동확정세목

다음의 국세는 납세의무가 성립하는 때에 특별한 절차 없이 그 세액이 확정된다.
① 인지세
② 원천징수하는 소득세 또는 법인세
③ 납세조합이 징수하는 소득세
④ 중간예납하는 법인세(세법에 따라 정부가 조사・결정하는 경우는 제외한다)
⑤ 납부지연가산세 및 원천징수 등 납부지연가산세(납부고지서에 따른 납부기한 후의 가산세로 한정한다)

PART 06

법인세법

Chapter 01 총 설
Chapter 02 법인세의 계산구조
Chapter 03 익 금
Chapter 04 손 금
Chapter 05 준비금 및 충당금의 손금산입
Chapter 06 손익의 귀속시기 등
Chapter 07 세액의 계산
Chapter 08 신고 및 납부

Chapter 01 총 설

I 법인세의 의의

법인세란 법인의 소득을 과세물건으로 하여 부과하는 조세로서 광의의 소득세에 포함된다. 법인소득세라고 부르기도 한다. 법인세의 납세의무는 회사와 같은 법인 등이 부담한다.

법인세의 조세체계상 위상은 다음과 같다.

① 과세권의 주체가 국가이므로 국세에 해당하며 내국세에 속한다.

② 법인세는 법인의 소득을 과세물건으로 하는 조세로서 세액이 전가되지 않고 납세의무자와 담세자가 일치하므로 직접세에 해당한다.

③ 법인세는 조세수입의 용도를 특정하지 않은 조세이므로 보통세에 해당한다.

④ 법인세는 과세물건을 측정하는 척도가 화폐단위로 표시되는 소득금액이기 때문에 종가세에 속한다.

⑤ 법인세는 법인형태로 기업활동을 함으로써 가득한 소득금액에 대하여 과징하는 조세로서 기업과세의 전형이다.

[표 6-1] 법인세의 의의와 위상

<table>
<tr><th>구 분</th><th colspan="2">내 용</th></tr>
<tr><td>의 의</td><td colspan="2">법인이 가득한 소득을 과세물건으로 하여 부과하는 조세</td></tr>
<tr><td rowspan="7">위 상</td><td>구 분</td><td>내 용</td></tr>
<tr><td>내국세</td><td>과세권의 주체가 국가이다.</td></tr>
<tr><td>직접세</td><td>법인이 가득한 소득을 과세물건으로 하는 조세로서 입법자가 세액의 전가를 고려하지 않고 납세의무자와 담세자가 일치할 것을 예정한 조세이다.</td></tr>
<tr><td>목적세</td><td>조세수입의 용도를 특정하지 않은 조세이다.</td></tr>
<tr><td>종가세</td><td>과세물건을 측정하는 척도가 화폐단위로 표시되는 소득금액이다.</td></tr>
<tr><td>정률세</td><td>세율이 백분율로 표시된다.</td></tr>
<tr><td>기업과세</td><td>법인형태로 기업활동을 함으로써 가득한 소득금액에 대하여 과징하는 조세이다.</td></tr>
</table>

납세의무자

법인세의 납세의무자는 법인이다. 법인에는 국세기본법에 의하여 법인으로 보는 법인 아닌 단체가 포함된다. 내국법인 중 국가와 지방자치단체(지방자치단체조합 포함)는 그 소득에 대한 법인세를 납부할 의무가 없다.

1. 내국법인과 외국법인

내국법인이란 본점, 주사무소 또는 사업의 실질적 관리장소가 국내에 있는 법인을 말한다. 내국법인은 국내외 모든 소득에 대하여 법인세의 납세의무를 진다.

외국법인이란 본점 또는 주사무소가 외국에 있는 단체(사업의 실질적 관리장소가 국내에 있지 아니하는 경우만 해당한다)로서 다음의 어느 하나에 해당하는 단체를 말한다. 외국법인은 국내원천소득에 한하여 제한적 납세의무를 지게 된다.

① 설립된 국가의 법에 따라 법인격이 부여된 단체
② 구성원이 유한책임사원으로만 구성된 단체
③ 그 밖에 해당 외국단체와 동종 또는 유사한 국내의 단체가 「상법」 등 국내의 법률에 따른 법인인 경우의 그 외국단체

2. 영리법인과 비영리법인

영리법인이란 법인이 수익사업을 영위할 뿐만 아니라, 수익사업에서 발생한 이익을 그 법인의 구성원에게 분배하는 법인을 말한다.

비영리법인이란 학술·종교·자선 기타 영리 아닌 사업을 목적으로 하는 법인을 말하며, 그 수익을 구성원에게 분배하지 않는 법인을 말한다.

그 법인이 영위하고 있는 사업의 영리성의 유무로 영리법인과 비영리법인을 구분하는 것이 아니라 영위하고 있는 사업에서 발생한 수익을 그 법인의 구성원에게 분배를 하는 지의 여부로 영리법인과 비영리법인으로 구분하는 것이다. 수익을 구성원에게 분배를 한다면 그 법인은 영리법인, 그렇지 않다면 비영리법인이 된다.

3. 법인의 종류

위의 내용을 종합하여 보면 법인의 종류가 4가지가 된다. 내국영리법인, 내국비영리법인,

외국영리법인, 외국비영리법인이 그것이다.

법인세의 과세대상

법인세 과세대상은 법인의 소득이다. 법인의 소득은 각 사업연도의 소득, 토지 등 양도소득, 청산소득, 미환류소득으로 구분된다.

1. 각 사업연도의 소득

법인은 설립한 때부터 해산하여 소멸할 때까지 계속하여 수익을 창출해내므로 이론적으로 보자면 법인이 해산할 때까지 기다렸다가 법인의 소득이 종국적인 것으로 확정이 되었을 때에 그 소득에 대하여 법인세를 한 번 과세하는 것이 타당할 것이다. 그러나 이는 현실적으로 불가능하다.

이러한 이유로 법인세법에서는 법인의 설립 시부터 해산 시까지의 기간을 임의로 획정하여 그 기간을 단위로 과세를 하는데 이러한 과세방식을 기간과세방식이라고 하며, 이때 임의로 획정된 기간을 사업연도라고 한다.

각 사업연도의 소득은 그 사업연도 내에 발생한 법인의 소득을 말한다. 내국영리법인의 국내외 모든 소득이 각 사업연도 소득이 된다. 내국비영리법인은 국내외 소득으로서 법인세법상 수익사업으로 열거된 사업에서 발생한 소득이 각 사업연도의 소득이 된다. 외국영리법인의 경우에는 국내원천소득이 각 사업연도 소득이 되며 외국비영리법인의 경우에는 국내원천소득으로서 법인세법상 수익사업으로 열거된 사업에서 발생한 소득이 각 사업연도 소득이 된다.

각각의 법인들은 각 사업연도 소득에 대하여 법인세 납세의무를 부담한다.

2. 토지 등 양도소득

법인이 주택, 별장 및 비사업용 토지를 양도함으로써 발생하는 소득을 말한다. 이는 법인의 부동산투기를 방지하기 위하여 각 사업연도 소득에 대한 법인세에 추가하여 과세하는 소득이다.

부동산투기의 제재 대상은 내국·외국법인 및 영리·비영리법인을 가리지 아니하는 것이므로 내국영리법인, 내국비영리법인, 외국영리법인 및 외국비영리법인은 모두 토지 등 양도소득에 대한 법인세의 납세의무를 부담한다.

3. 청산소득

법인이 해산(합병 · 분할에 의한 해산은 제외)에 의해 소멸할 때 그 잔여재산가액이 자기자본총액을 초과하는 금액을 말한다.

법인세법에 따르면 내국영리법인만 청산소득에 대한 법인세의 납세의무를 부담한다. 내국비영리법인은 해산하는 경우 그 잔여재산가액이 국가에 귀속이 되거나 다른 내국비영리법인으로 귀속되므로 법인세를 납부할 의무가 없다.

한편, 외국법인은 외국에서 청산을 할 것이므로 그 청산소득에 대해서 우리나라에게 과세권이 없다. 따라서 외국법인은 청산소득에 대한 법인세 납세의무를 부담하지 않는다.

4. 미환류소득

상호출자제한기업집단에 속하는 법인이 기업소득 중 일정액을 투자, 임금 등으로 환류하지 않은 소득을 말한다. 법인세법에 따르면 내국영리법인만 미환류소득에 대한 법인세의 납세의무를 부담한다.

미환류소득에 대한 내용은 조세특례제한법상 규정으로서 세법개론에서 다루게 되므로 입문서에서는 자세한 설명을 생략한다.

[표 6-2] 법인세의 납세의무자와 과세대상

구 분		각 사업연도 소득	토지 등 양도소득	청산소득	미환류소득
내국법인 (무제한 납세의무)	영리법인	국내외 모든 소득	○	○	○
	비영리법인	국내외 수익사업 소득	○	×*1	×
외국법인 (제한 납세의무)	영리법인	국내원천소득	○	×*2	×
	비영리법인	국내원천 수익사업 소득	○	×*1*2	×
국가·지자체·지자체 조합		×			
외국정부·외국지자체		비영리내국법인으로 보아 「법인세법」 적용			

*1 비영리법인이 해산하는 경우에 그 재산은 정관으로 지정하는 자에게 귀속시켜야 하고 만일 정관에서 귀속자를 정하고 있지 않으면 주무관청의 허가를 얻어 그 법인의 목적과 유사한 목적을 위하여 처분하거나 국고에 귀속시켜야 한다. 즉, 비영리법인은 해산하더라도 그 잔여재산을 사원 또는 출연자에게 배분하지 않는다. 따라서 비영리법인에 대하여는 청산소득에 대한 법인세 납세의무를 지우지 않는다.

*2 청산이 외국법인의 거주지국에서 이루어지기 때문이다.

Ⅳ 사업연도

사업연도란 법인의 소득을 계산하는 1회계연도를 말한다. 법인의 사업연도는 법령이나 법인의 정관 등에서 정하는 1회계기간으로 한다. 다만, 그 기간은 1년을 초과하지 못한다.[1)]

만약 법령이나 법인의 정관 등에서 사업연도를 정하고 있지 않다면 임의의 기간을 사업연도로 정하여 법인설립신고 또는 사업자등록과 함께 관할 세무서장에게 사업연도를 신고하여야 한다. 신고를 하지 아니하는 경우에는 그 법인의 사업연도는 1월 1일부터 12월 31일까지로 한다.

Ⅴ 법인세의 납세지

내국법인은 그 법인의 등기부에 따른 본점이나 주사무소 또는 사업의 실질적 관리장소의 소재지를 법인세의 납세지로 한다.

외국법인의 경우에는 국내사업장의 소재지를 납세지로 하며, 둘 이상의 국내사업장이 있는 경우에는 주된 국내사업장의 소재지를 납세지로 한다. 이 경우 주된 국내사업장의 소재지란, 사업수입금액이 가장 많은 사업장을 말한다. 이러한 주된 국내사업장의 판정은 최초로 납세지를 정하는 경우에만 적용한다.

1) 사실 1년을 초과하는 예외가 있기는 하다.

Chapter 02

법인세의 계산구조

	결산서상 당기순이익
(+)	익금산입 및 손금불산입
(−)	손금산입 및 익금불산입
	차가감소득금액
(+)	기부금한도초과액
(−)	전기기부금한도초과이월손금산입액
	각 사업연도 소득금액
(−)	이월결손금
(−)	비과세소득
(−)	소득공제
	과세표준
(×)	세율
	산출세액
(−)	세액감면
(−)	세액공제
(+)	가산세
(+)	감면분추가납부세액
	총부담세액
(−)	기납부세액
	차감납부할세액

I 세무조정

법인세 신고 시 법인이 제출한 손익계산서에서 확인되는 당기순이익을 기준으로 세법상 법인의 소득인 각 사업연도 소득금액을 계산한다.

당기순이익은 기업회계기준상 수익과 비용으로 구성되어 있는데, 기업회계기준상 수익에 대응하는 개념인 법인세법상의 익금과 그 내용과 범위가 다르다. 기업회계기준상 비용에 대응하는 개념인 법인세법상의 손금과 비용의 범위가 역시 다르다.

기업회계기준상 수익에 해당하여 법인이 당기순이익에 반영하였다고 하더라도 해당 금액이 법인세법상 익금에 해당하지 아니하면 당기순이익에서 제거하여 각 사업연도의 소득금액을 계산하여야 한다. 이를 익금불산입이라고 한다. 반면에 기업회계기준상 수익에 해당하지 아니하여 법인이 당기순이익에 반영하지 않은 금액이 법인세법상 익금에 해당하면 당기순이익에 이를 포함시켜 각 사업연도의 소득금액을 계산하여야 하는데 이를 익금산입이라 한다.

비용의 경우에도 마찬가지이다. 기업회계기준상 비용에 해당하여 법인이 당기순이익에 반영한 금액이 법인세법상 손금에 해당하지 아니한 경우에는 그 금액을 당기순이익에서 제거하여 각 사업연도의 소득금액을 계산하여야 한다. 이를 손금불산입이라고 한다. 이와는 반대로 기업회계기준상 비용에 해당하지 아니하여 당기순이익에 반영이 안된 금액이 법인세법상 손금에 해당할 때에는 해당 금액을 반영하여 각 사업연도의 소득금액을 계산하여야 하는데 이를 손금산입이라고 한다.

익금산입 및 손금불산입은 법인의 각 사업연도 소득금액을 증가시키는 조정(가산조정)이고 손금산입 및 익금불산입은 법인의 각 사업연도 소득금액을 감소시키는 조정(차감조정)이 된다. 가산조정과 차감조정을 아울러 세무조정이라고 한다.

즉, 세무조정은 당기순이익과 각 사업연도의 소득금액 간의 차이를 조정하는 것이다.

Ⅱ 소득처분

1. 의　　의

결산서상의 당기순이익은 상법에 따른 이익처분에 따라 그 귀속이 결정된다. 이익준비금이나 임의적립금 등과 같이 사내에 남아 있을 수도 있고 이익처분에 의한 배당·상여 등으로 사외로 유출될 수도 있다.

각 사업연도 소득금액(= 당기순이익 ± 세무조정)도 당기순이익과 마찬가지로 그 귀속이 결정되어야 한다. 다만, 당기순이익은 상법에 따른 이익처분으로 그 귀속이 확정되므로 세무조정금액에 대해서만 그 귀속자를 확인하면 된다. 이처럼 세무조정사항에 대하여 그 소득의 귀속을 확인하는 것을 소득처분이라고 한다.

세무조정금액이 사외에 유출된 것이 분명한 경우에는 사외유출로 처분하고, 사외에 유출되지 않은 경우에는 사내유보 또는 기타로 처분한다.

2. 사외유출

사외유출이란 가산조정의 금액이 기업 외부의 자에게 귀속된 것으로 인정하는 처분이다.

(1) 귀속자가 분명한 경우

사외유출된 경우로서 귀속자가 분명한 경우에는 그 귀속자별로 다음과 같이 처분한다.

① 귀속자가 주주(출자임원 제외)인 경우 : 배당

② 귀속자가 임직원인 경우 : 상여

③ 귀속자가 다른 법인 또는 개인사업자인 경우 : 기타사외유출

④ 귀속자가 위 외의 자인 경우 : 기타소득

주주에게 배당소득으로 처분된 금액을 인정배당이라고 한다. 인정배당은 소득세가 과세되는 배당소득의 하나로서 주주는 소득세의 납세의무를 부담하며 법인은 원천징수의무를 부담한다.

임직원에게 상여(근로소득)로 처분된 금액을 인정상여라고 한다. 인정상여는 소득세가 과세되는 근로소득의 하나로서 임직원에게는 소득세의 납세의무가 발생하고 법인에게는 원천징수의무가 발생한다.

사외유출된 금액의 귀속자가 다른 법인 또는 개인사업자인 경우에는 별도의 소득으로 처분하지 않는다. 사외유출된 금액이 다른 법인에게 귀속된 경우 그 금액은 그 다른 법인의 각 사업연도 소득금액을 구성하여 그 다른 법인의 법인세 과세대상소득이 될 것이므로 별도의 소득처분이 필요가 없다. 또한 사외유출된 금액이 개인사업자에게 귀속된 경우 그 금액은 그 개인사업자의 사업소득을 구성하여 사업소득세의 과세대상이 될 것이므로 이 경우 역시 별도의 소득처분이 필요 없다. 이러한 이유로 사외유출된 금액의 귀속자가 다른 법인 또는 개인사업자인 경우에는 기타사외유출로 처분한다.

사외유출된 금액의 귀속자가 주주, 임직원, 다른 법인 또는 개인사업자 이외의 자에게 기타소득으로 처분된 금액을 인정기타소득이라고 한다. 인정기타소득은 소득세가 과세되는

기타소득의 하나로서 해당 소득의 귀속자에게는 소득세 납세의무가 발생하고 법인에게는 원천징수의무가 발생한다.

(2) 귀속자가 불분명한 경우

가산조정한 금액이 사외로 유출된 경우로서 그 귀속자가 불분명한 경우에는 대표자에 대한 상여로 소득처분한다. 이는 귀속자를 밝혀내지 못한 책임을 대표자에게 묻는 것이다.

대표자에게 상여로 처분된 금액 역시 인정상여로서 소득세 과세대상이 된다. 따라서 대표자는 해당 금액에 대한 소득세 납세의무를 부담하여야 한다. 그런데 사실 대표자 입장에서는 억울할 수도 있다. 실제로 본인이 해당 소득의 귀속자가 아님에도 불구하고 대표자라는 이유만으로 해당 금액에 대한 소득세를 부담하여야 하기 때문이다. 이러한 이유로 법인이 대표자의 소득세를 대납해 주기도 하는데 그 관련 내용을 설명하면 다음과 같다.

1) 소득세 대납액을 비용으로 계상한 경우

법인이 대표자의 소득세를 대납하고 비용으로 계상한 경우에는 그 금액을 손금불산입한다. 법인의 손금으로서 인정을 받기 위해서는 법인의 순자산을 감소시키는 손실 또는 비용(이하 '손비')의 금액으로서 그 법인의 사업과 관련된 것으로서 통상적 손실 또는 비용이거나 수익과 관련된 손실 또는 비용이어야 하는데, 대표자의 소득세를 대납한 금액은 법인의 사업과 관련된 것으로서 통상적으로 발생하는 손비의 금액이라 할 수 없고 수익과 관련이 있다고 할 수도 없기 때문이다.

손금불산입하고 그 귀속자가 대표자이므로 상여로 소득처분을 하여야 할테지만, 다시 상여로 처분하게 되면 또 다시 대표자에게 소득세 납세의무가 생기므로 순환구조가 발생한다. 따라서 순환구조의 발생을 막고자 기타사외유출로 처분한다.

2) 소득세 대납액을 대여금으로 계상한 경우

법인이 대표자의 소득세를 대납하고 이를 대여금으로 계상한 경우 해당 대여금을 특수관계인에 대한 업무무관가지급금으로 볼 것인지가 문제가 된다. 해당 대여금을 특수관계인에 대한 업무무관가지급금으로 보는 경우 다음과 같은 세무문제가 발생한다.

① 지급이자 손금불산입
② 인정이자 익금산입
③ 대손금 처리 불가 및 대손충당금 설정 불가
④ 처분손실의 손금불산입

법인세법은 대표자의 소득세를 법인이 대납하고 대여금으로 계상한 경우 해당 금액을 특수관계인에 대한 업무무관가지급금으로 보지 않는다고 규정하고 있다.

3. 사내유보

가산조정의 금액이 법인 외부로 유출되지 아니하고 법인 내부에 남아 법인의 자산 또는 부채의 금액에 영향을 미치는 경우에는 유보 또는 △유보로 처분한다.

자산을 증가시키거나 부채를 감소시키는 경우에는 유보로 처분하며, 자산을 감소시키거나 부채를 증가시키는 경우에는 △유보로 처분한다.

유보 또는 △유보의 금액은 해당 자산이 상각 또는 처분될 때(부채의 경우에는 상환이 될 때) 반대의 세무조정으로서 소멸된다.

유보 또는 △유보의 금액은 「자본금과 적립금 조정명세서(을)」에서 관리한다.

4. 사외유출이 아닌 경우로서 사내에 남아있지 않은 경우

사외로 유출되지도 않고 사내에 남아 자산 또는 부채에 영향을 미치는 것도 아닌 경우에는 기타로 소득처분한다.

5. 특수한 경우

(1) 추계의 경우

법인의 장부 및 증빙 등이 없는 사유로 법인의 과세표준을 추계에 의해 결정하는 경우 법인의 결산서상 법인세비용 차감전 순이익과 추계 결정된 과세표준과의 차액은 익금에 산입하고 대표자에 대한 상여로 처분한다. 각종 증빙 등을 기록하고 보관하지 않은 책임을 대표자에게 묻는 것이다. 다만, 천재지변 기타 불가항력적인 사유로 증빙 등을 갖추지 않은 경우에는 대표자에게 책임을 물을 수 없으므로 기타사외유출로 처분한다.

외국법인의 과세표준을 추계에 의하여 결정하는 경우에는 기타사외유출로 처분한다.

(2) 무조건 기타사외유출로 처분하는 경우

간주임대료, 기업업무추진비 한도초과액, 기부금 한도초과액 등은 무조건 기타사외유출로 처분한다. 자세한 내용은 세법개론에서 설명한다.

Chapter 03

익 금

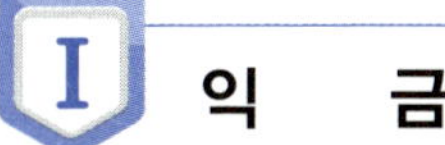

I 익 금

1. 익금의 정의

익금이란, 법인의 순자산을 증가시키는 모든 거래에서 발생하는 수입 또는 이익의 금액을 말한다. 다만, 자본 또는 출자의 납입, 법인세법상 익금불산입항목으로 열거되어 있는 것들은 제외한다.

2. 익금 항목(예시)

(1) 사업수입금액

「통계법」에 따라 통계청장이 작성・고시하는 한국표준산업분류(이하 '한국표준산업분류')에 따른 각 사업에서 생기는 사업수입금액(기업회계기준에 따른 매출에누리금액 및 매출할인금액 제외)은 익금이다.

(2) 자산의 양도금액

재고자산 이외의 자산의 양도금액을 말한다. 재고자산의 양도금액은 사업수입금액(매출액)이 된다.

(3) 자기주식의 양도금액

자본 또는 출자의 납입으로 인하여 증가하는 금액은 익금의 범위에서 제외한다. 자본 또는 출자의 납입은 자본거래이기 때문이다. 자기주식을 양수도하는 것도 자본거래의 일종이다. 따라서 원칙적으로는 자기주식의 양도금액은 익금에 해당하지 아니하는 것이나, 법인세법에서는 자기주식을 일반 재고자산과 동일하게 취급하므로 자기주식의 양도금액을 익금으로 본다.

손금에서 이야기 할테지만, 자기주식의 양도금액이 익금에 해당하는 것에 대응하여 처분되는 자기주식의 장부금액이 손금에 해당한다. 따라서 자기주식의 처분이익 또는 처분손실이 각각 법인세법상 익금과 손금으로 인정된다. 이는 매우 중요한 것이므로 꼭 기억하여야 한다.

(4) 자산의 임대료

자산을 일시적으로 임대하여 얻는 수익은 임대료로서 익금에 해당한다. 자산을 계속적·반복적으로 임대하고 얻는 수익은 사업수입금액(매출액)이 된다.

(5) 자산의 평가이익

자산을 평가하여 평가이익을 계상하면 자산의 금액이 증가하므로(순자산이 증가하므로) 익금이다. 하지만 자산의 평가이익은 어디까지나 미실현이익일 뿐이므로 법인에게 법인세를 부과할 수는 없다. 따라서 법인세법에서는 자산의 평가이익을 익금불산입항목으로 열거하고 있다.

(6) 자산수증이익과 채무면제이익

자산수증이익이란 무상으로 받은 자산의 가액을 말하며, 채무면제이익이란 채무의 면제 또는 소멸로 인하여 생기는 부채의 감소액을 말한다. 채무면제이익에는 출자전환 시 발생한 채무면제이익을 포함한다.

1) 원 칙

자산수증이익과 채무면제이익은 모두 법인의 순자산을 증가시키므로 익금이다.

2) 예 외

익금항목인 자산수증이익과 채무면제이익을 이월결손금 보전에 충당하는 경우 그 충당한 금액은 익금에 산입하지 아니할 수 있다.

결손금이란, 익금의 총액을 초과하는 손금의 총액을 말한다. 결손금은 다음 사업연도로 이월하여 다음 사업연도 이후에 발생하는 법인의 소득에서 공제할 수 있는데, 2008년 12월 31일 이전에 발생한 결손금은 5년간, 2009년 1월 1일부터 2019년 12월 31일까지의 기간 내에 발생한 결손금은 10년간, 2020년 1월 1일 이후에 발생한 결손금은 15년간 이월이 가능하다.

이처럼 결손금은 공제를 함에 있어서 발생연도의 제한이 있지만, 자산수증이익과 채무면제이익으로 보전할 수 있는 결손금은 발생연도의 제한이 없다. 언제 발생한 결손금이든 자산수증이익과 채무면제이익으로 보전할 수 있다. 이 경우 보전은 부족한 것을 메꾼다는 뜻이다.

자산수증이익과 채무면제이익으로 보전한 이월결손금은 법인의 과세표준을 계산할 때 공제하지 않는다.

3) 출자전환 시 발생한 채무면제이익

출자전환이란, 금전채권채무관계를 출자관계로 전환하는 것을 말한다. 간단한 예를 들어 설명해보자.

㈜A라는 법인이 ㈜B라는 법인에 현금 10억원을 대여하고 3년 뒤에 상환받기로 한 경우로서 원금상환일에 ㈜B가 자금난 등을 이유로 현금 10억원을 상환하는 대신 ㈜B의 주식(시가 7억원, 액면가액 5억원)으로 상환하고자 할 때에 ㈜A가 이에 응한다면 ㈜A는 10억원의 채권을 회수할 권리를 가진 채권자에서 ㈜B의 주식을 취득한 ㈜B의 주주가 된다. 반대로 ㈜B는 10억원의 채무를 상환하여야 하는 채무자에서 ㈜A를 주주로 둔 피출자법인이 된다. 이러한 거래를 출자전환이라고 한다.

출자전환의 경우 ㈜A와 ㈜B의 회계처리를 살펴보면 다음과 같다.

[㈜A]

(차) 주식	7억원	(대) 대여금	10억원
대손금	3억원		

[㈜B]

(차) 차입금	10억원	(대) 자본금	5억원
		주식발행초과금	2억원
		채무면제이익	3억원

㈜A는 10억원의 대여금 중 7억원만큼을 회수하고 3억원을 회수할 수 없게 되었으므로 3억원에 해당하는 금액을 대손금으로 인식한다. 대손금은 회수할 수 없는 채권의 금액을 말한다.

㈜B는 채무액 10억원을 시가 7억원의 주식을 발행함으로써 상환하였으므로 3억원만큼의 이익을 본다. 해당 금액이 채무면제이익이다. 그런데 해당 거래를 잘 살펴보면 ㈜B가 인식한 채무면제이익은 사실 그 성격이 주식발행초과금이라는 것을 알 수 있다. ㈜B는 액면금액 5억원의 주식을 발행하면서 그 발행대가로 10억원을 받은 것이기 때문이다. 액면금액을 초과하여 주식을 발행하는 것을 주식의 초과발행이라고 하며, 주식의 초과발행의 경우에 액면금액을 초과하는 발행금액을 주식발행초과금이라고 한다. 따라서 ㈜B가 인식하여야 할 주식발행초과금은 5억원(= 10억원 − 5억원)이다. 주식발행초과금은 자본거래에서 발생한 이익으로서 법인세법상 익금항목이다. 주식발행초과금을 5억원으로 계산하면 채무면제이익에 대해서 법인세를 과세할 수 없다.

그러나 ㈜B가 10억원의 채무를 7억원짜리 ㈜B의 주식으로 변제함에 따라 3억원만큼의 이익을 본 사실은 분명하므로 그 3억원에 대해서는 법인세를 과세하여야 한다. 따라서 법인세법에서는 그 본질이 주식발행초과금임에도 불구하고 그 실질을 더 중히 여겨 채무의 출자전환의 경우로서 주식의 시가를 초과하는 주식의 발행금액은 채무면제이익으로서 익금으로 규정하고 있다. 만일 발행된 주식의 시가가 액면가액에 미달하면 액면금액을 초과하는 주식의 발행금액을 채무면제이익으로 본다.

출자전환 시 채무면제이익은 일반적인 채무면제이익의 범위에 포함되므로 법인세법상 익금항목이며 이월결손금의 보전에 충당하는 경우 해당 금액은 익금에 산입하지 않을 수 있다.

다만, 다음의 특정법인이 출자전환을 함에 따라 채무면제이익이 발생하는 경우에는 이월결손금의 보전에 충당하고 남은 채무면제이익에 대하여서도 익금에 산입하지 아니하고 그 이후의 각 사업연도에 발생한 결손금의 보전에 충당할 수 있다.

① 「채무자 회생 및 파산에 관한 법률」에 따라 채무를 출자로 전환하는 내용이 포함된 회생계획인가의 결정을 받은 법인
② 「기업구조조정 촉진법」에 따라 채무를 출자로 전환하는 내용이 포함된 기업개선계획의 이행을 위한 약정을 체결한 부실징후기업
③ 해당 법인에 대하여 채권을 보유하고 있는 「금융실명거래 및 비밀보장에 관한 법률」 제2조 제1호에 따른 금융회사등과 채무를 출자로 전환하는 내용이 포함된 경영정상화계획의 이행을 위한 협약을 체결한 법인
④ 「기업 활력 제고를 위한 특별법」 제10조에 따른 사업재편계획승인을 받은 법인

(7) 손금에 산입한 금액 중 환입된 금액

이미 손금으로 인정받은 금액이 환입되는 경우에는 익금에 해당한다.

(8) 유가증권의 저가매입에 따른 이익

법인이 특수관계인인 개인으로부터 유가증권을 저가로 매입한 경우에는 시가와 실제매입가액의 차액을 익금에 산입한다. 이는 자녀 등에 대한 유가증권의 우회적 이익 분여를 제재하고자 함이다.

(9) 간주임대료

부동산임대업을 주업으로 하는 영리내국법인이 부동산 또는 부동산상의 권리(전세권 · 지역권 · 지상권 등)를 대여하고 전세금 또는 보증금을 받는 경우로서 그 법인의 차입금의 적수가 자기자본적수의 2배를 초과하는 경우에는 다음의 금액을 익금에 산입한다.

(전세금 · 보증금의 적수 − 건설비의 적수) × 정기예금이자율 ÷ 365(윤년 366) − 금융수익

건설비의 적수를 계산할 때 건설비는 해당 부동산 등의 취득원가를 말한다. 따라서 감가상각누계액, 재평가적립금 등을 고려하지 않는다. 또한 토지의 가액도 고려하지 않는다. 다만, 자본적 지출액은 고려한다. 자본적 지출액을 고려할 때에는 실제 지출일을 기준으로 고려한다.

금융수익은 부동산 또는 부동산상의 권리를 대여하고 받은 전세금 또는 보증금을 운용함으로써 발생한 수입이자 및 할인료, 수입배당금, 신주인수권처분이익, 유가증권처분이익(유가증권처분손실이 있는 경우 이를 차감하고 남은 금액)을 말한다. 금융수익은 발생주의에 따른 금액을 말하므로 선수수입이자 등은 고려하지 아니하고 미수이자 등은 고려한다.

부동산 등을 대여하는 형태는 크게 두 가지이다. 하나는 월세로 대여하는 방법이고 또 다른 하나는 전세로 대여하는 방법이다. 월세로 받는 금액은 임차인에게 반환되지 않고 모든 금액이 임대인의 소득으로 귀속되므로 당연히 법인의 익금이다. 다만, 전세로 부동산 등을 대여하고 받은 전세금 또는 보증금 등은 임대기간이 끝나면 임차인에게 반환하여야 할 금액이다. 따라서 임대인인 법인의 소득으로 실현되었다고 할 수 없을 것이다. 다만, 임대인인 법인이 전세금 또는 보증금 등을 금융기관 등에 예치하여 정기예금이자율만큼 이자수익을 얻을 것이므로 해당 금액을 임대료로 간주하여 법인세를 과세함으로써 월세로 부동산 등을 임대하는 자와 과세형평을 맞추겠다는 것이다.

Ⅱ 익금불산입

1. 주식발행초과금

액면금액 이상으로 주식을 발행한 경우 그 액면금액을 초과한 금액(무액면주식의 경우에는 발행가액 중 자본금으로 계상한 금액을 초과하는 금액)을 말한다. 다만, 채무의 출자전환으로 주식등을 발행하는 경우에는 그 주식등의 시가를 초과하여 발행된 금액은 제외한다.

2. 감자차익

자본감소의 경우로서 그 감소액이 주식의 소각, 주금의 반환에 든 금액과 결손의 보전에 충당한 금액을 초과한 경우의 그 초과금액을 말한다.

3. 자산수증이익과 채무면제이익 중 이월결손금 보전에 충당한 금액

이미 앞에서 설명하였다.

4. 출자전환 시 채무면제이익 중 결손금 보전에 충당할 금액

이미 앞에서 설명하였다.

5. 이미 과세된 소득

각 사업연도의 소득으로 이미 과세된 소득(이 법과 다른 법률에 따라 비과세되거나 면제되는 소득 포함)은 익금에 산입하지 아니한다.

6. 법인세 및 법인지방소득세의 환급액

손금에 산입하지 아니한 법인세 또는 법인지방소득세를 환급받았거나 환급받을 금액을 다른 세액에 충당한 금액은 익금에 산입하지 아니한다. 손금에 산입하지 아니하였다면 법인의 과세소득으로 포착되어 법인세가 과세되었다는 것이므로 이를 다시 익금에 산입하지 않는 것이다.

7. 자산의 평가이익

자산의 평가이익은 익금을 설명할 때 이미 설명한 바와 같이 법인의 미실현이익이기 때문에 익금에 산입하지 아니한다. 다만, 다음의 평가로 인하여 발생하는 평가이익은 익금에 산입한다.

① 「보험업법」이나 그 밖의 법률에 따른 유형자산 및 무형자산 등의 평가(장부가액을 증액한 경우만 해당한다)

② 재고자산 등 대통령령으로 정하는 자산과 부채의 평가

8. 부가가치세의 매출세액

부가가치세 과세대상 재화 또는 용역을 공급하는 자는 그 재화 또는 용역을 공급받는 자로부터 부가가치세를 거래징수하여야 한다. 공급자는 거래징수한 부가가치세 매출세액을 사업장 소재지 관할 세무서장에게 신고하고 납부하여야 한다. 즉, 해당 부가가치세 매출세

액은 관할 세무서장을 대신하여 미리 받은 금액으로서 관할 세무서장에게 납부하여야 할 부채의 성격을 가진 금액이다. 따라서 부가가치세 매출세액은 공급자의 매출이 될 수 없다.

9. 국세 또는 지방세의 과오납금의 환급금에 대한 이자

과납금이란 납세의무자가 국세 및 강제징수비로서 납부한 금액이 세법에 따라 납부하여야 할 국세 및 강제징수비를 초과하는 금액을 말하며, 오납금이란 납세의무자가 국세 및 강제징수비로서 납부한 금액 중 잘못 납부한 금액을 말한다.

과납금은 조세의 납부 시 이에 대응하는 확정된 조세채무가 존재하였으나, 나중에 조세불복에 대한 결정, 판결이나 과세관청의 취소결정 등의 사유로 조세채무가 소멸하게 된 경우에 발생하고, 오납금이란 납세신고나 과세처분 등 조세채무 확정행위 또는 징수행위가 당연 무효이거나 부존재함에도 납부 혹은 징수함으로써 발생한다.

과오납금은 모두 국가의 부당이득이다. 국가는 과오납금을 납세의무자인 국민에게 환급하여야 하며 부당이득을 수취한 대가로 그에 대한 보상성격의 이자를 함께 지급하여야 한다. 이 경우 해당 이자를 국세환급가산금이라고 한다.

국세환급가산금은 보상성격의 금액이므로 이를 익금으로 보아 법인세를 과세하면 안 된다.

Ⅲ 의제배당

1. 의　　의

의제배당이란 실제로 법인이 주주 등에 대하여 배당을 실시하지 않았지만 법인세법에서 배당으로 보는 것을 말한다.

비록 실제 배당을 받은 것은 아니지만 법인세법에서 배당으로 의제하였으므로 주주 등은 의제배당에 대한 소득세 또는 법인세를 납부할 의무가 있다.

2. 유 형

(1) 잉여금의 자본전입

1) 자기주식이 없는 법인이 잉여금을 자본에 전입하는 경우

법인의 잉여금의 전부 또는 일부를 자본이나 출자에 전입함으로써 주주등인 내국법인이 취득하는 주식등의 가액은 그 주주 등인 내국법인의 각 사업연도의 소득금액을 계산할 때 잉여금을 자본에 전입한 법인으로부터 이익을 배당받았거나 잉여금을 분배받은 금액으로 본다. 다만, 다음의 어느 하나에 해당하는 금액을 자본에 전입하는 경우는 제외한다.

① 「상법」에 따른 자본준비금으로서 대통령령으로 정하는 것

② 「자산재평가법」에 따른 재평가적립금(토지의 재평가차액에 상당하는 금액은 제외한다)

「상법」에 따른 자본준비금으로서 대통령령으로 정하는 것이란 내국법인의 각 사업연도의 소득금액을 계산할 때 익금에 산입하지 아니하는 다음의 금액을 말한다.

① 주식발행액면초과액

② 주식의 포괄적 교환·이전차익

③ 감자차익

④ 합병·분할차익

잉여금(이익잉여금과 자본잉여금)을 자본에 전입하면 자본금이 증가한다(자본 총액에는 변함이 없다). 자본금이 증가하면 주식을 발행하여야 하는데, 잉여금의 자본전입으로 발행된 주식은 주주로부터 대가를 받고 발행한 주식이 아니므로 무상주에 해당한다. 잉여금을 자본에 전입한 법인은 무상주를 발행하여 주주에게 배정한다. 주주는 아무런 대가를 지급하지 않고 무상주를 취득하였다.

이를 잘 살펴보면, 겉으로는 주식을 받아간 것으로 보이지만 사실은 그 다른 법인이 자본에 전입한 잉여금을 무상주라는 수단을 통하여 간접적으로 받아간 것이다.

잉여금은 이익잉여금과 자본잉여금을 아우르는 말인데, 이익잉여금은 손익거래에서 발생한 이익인 당기순이익의 누적액이므로 법인세법상 익금항목에 해당한다. 반면에 자본잉여금은 자본거래에서 발생한 이익의 누적액으로서 법인세법상 익금불산입항목에 해당한다.

주주 등인 법인이 이익잉여금을 배당받는 경우에는 익금 항목을 배당받는 것이므로 의제배당으로서 과세대상이 되는 것이고 자본잉여금을 배당받는 경우에는 익금불산입항목을 배당받는 것이므로 법인세 과세대상이 아니다. 다만, 자본잉여금 중 법인세법상 익금에 해당하는 것들이 있는데, 법인세법상 익금항목에 해당하는 자본잉여금을 배당받는 경우에는 의제배당의 과세대상이 되는 것이다.

2) 자기주식을 보유한 법인이 잉여금을 자본에 전입하는 경우

법인이 자기주식 또는 자기출자지분을 보유한 상태에서 자본전입을 함에 따라 그 법인 외의 주주등인 내국법인의 지분 비율이 증가한 경우 증가한 지분 비율에 상당하는 주식등의 가액은 그 주주 등인 내국법인의 각 사업연도의 소득금액을 계산할 때 잉여금을 자본에 전입한 법인으로부터 이익을 배당받았거나 잉여금을 분배받은 금액으로 본다.

자기주식분에 대해서는 상법에 따라 무상주를 배정할 수 없다. 자기주식분에 대한 무상주는 다른 주주에게 재배정하거나 소각하는 방법이 있다. 어떤 방법을 선택하든 잉여금을 자본에 전입한 법인이 자기주식분에 대하여 무상주를 배정받지 못함에 따라 지분이 감소하게 되고 그 감소한 지분만큼 다른 주주들의 지분이 무조건 증가한다. 따라서 이를 직접적 이익의 분여로 보아 자본에 전입된 잉여금이 익금항목인지 익금불산입항목인지를 따지지 아니하고 의제배당으로 무조건 과세한다.

(2) 감자 등

다음의 금액은 다른 법인의 주주 등인 내국법인의 각 사업연도의 소득금액을 계산할 때 그 다른 법인으로부터 이익을 배당받았거나 잉여금을 분배받은 금액으로 본다.

① 주식의 소각, 자본의 감소, 사원의 퇴사·탈퇴 또는 출자의 감소로 인하여 주주등인 내국법인이 취득하는 금전과 그 밖의 재산가액의 합계액이 해당 주식 또는 출자지분(이하 '주식등')을 취득하기 위하여 사용한 금액을 초과하는 금액

② 해산한 법인의 주주등(법인으로 보는 단체의 구성원을 포함한다)인 내국법인이 법인의 해산으로 인한 잔여재산의 분배로서 취득하는 금전과 그 밖의 재산의 가액이 그 주식등을 취득하기 위하여 사용한 금액을 초과하는 금액

③ 피합병법인의 주주등인 내국법인이 취득하는 합병대가가 그 피합병법인의 주식등을 취득하기 위하여 사용한 금액을 초과하는 금액

④ 분할법인 또는 소멸한 분할합병의 상대방 법인의 주주인 내국법인이 취득하는 분할대가가 그 분할법인 또는 소멸한 분할합병의 상대방 법인의 주식(분할법인이 존속하는 경우에는 소각 등에 의하여 감소된 주식만 해당한다)을 취득하기 위하여 사용한 금액을 초과하는 금액

수입배당금 익금불산입

1. 개 요

내국법인(고유목적사업준비금을 손금에 산입하는 비영리내국법인 제외)이 피출자법인으로부터 받은 이익의 배당금 또는 잉여금의 분배금과 의제배당액(이하 '수입배당금액') 중 일정 금액은 각 사업연도의 소득금액을 계산할 때 익금에 산입하지 아니한다.

출자법인이 받은 배당의 재원은 피출자법인의 세후이익이다. 이미 법인단계에서 세금이 한 번 부과된 후의 금액에 대하여 주주단계에서 다시 소득세 또는 법인세를 부과하면 이중과세의 문제가 발생하므로 이를 해결하기 위하여 법인주주단계에서의 수입배당금 익금불산입 규정을 둔 것이다.

2. 수입배당금 익금불산입액

$$\left[\text{수입배당금} - \text{지급이자} \times \frac{\text{세법상 주식의 적수}}{\text{재무상태표상 자산의 적수}}\right] \times \text{익금불산입률}$$

※ 이 경우 금액이 0보다 작은 경우에는 없는 것으로 본다.

3. 수입배당금 익금불산입 적용 배제

① 배당기준일 전 3개월 이내에 취득한 주식등을 보유함으로써 발생하는 수입배당금액

② 지급한 배당에 대하여 소득공제를 적용받는 유동화전문회사 · 투자회사 · 투자목적회사 등의 명목회사 및 프로젝트금융투자회사로부터 받은 수입배당금액

③ 법인세법에 따라 지급한 배당에 대하여 소득공제를 적용받는 법인과세 신탁재산으로부터 받은 수입배당금액

④ 다음의 세액감면을 적용받는 법인으로부터 받는 수입배당금액. 단, 감면율이 100%인 사업연도에 한정한다.

㉠ 수도권 밖으로 공장 · 본사를 이전한 법인에 대한 세액감면

㉡ 제주첨단과학기술단지 입주기업에 대한 세액감면

㉢ 제주투자진흥기구(또는 제주자유무역지역) 입주기업에 대한 세액감면

⑤ 동업기업과세특례를 적용받는 법인으로부터 받은 수입배당금액

4. 익금불산입률

피출자법인에 대한 지분율*	익금불산입률
50% 이상	100%
20% 이상　　50% 미만	80%
20% 미만	30%

* 피출자법인에 대한 지분율은 피출자법인의 배당기준일 현재 3월 이상 계속하여 보유하고 있는 주식 또는 출자지분을 기준으로 계산한다. 이 경우 보유 주식 등의 수를 계산할 때 같은 종목의 주식 일부를 양도한 경우에는 먼저 취득한 주식 등을 먼저 양도한 것으로 본다.

Chapter 04

손　　금

Ⅰ 손금의 범위

손금은 자본 또는 출자의 환급, 잉여금의 처분 및 법인세법에서 규정하는 것은 제외하고 해당 법인의 순자산을 감소시키는 거래로 인하여 발생하는 손실 또는 비용[이하 '손비'(損費)라 한다]의 금액으로 한다.

손비는 법인세법 및 다른 법률에서 달리 정하고 있는 것을 제외하고는 그 법인의 사업과 관련하여 발생하거나 지출된 손실 또는 비용으로서 일반적으로 인정되는 통상적인 것이거나 수익과 직접 관련된 것으로 한다.

Ⅱ 대손금의 손금불산입

1. 개　　요

내국법인이 보유하고 있는 채권 중 채무자의 파산 등 일정한 사유로 회수할 수 없는 채권의 금액[이하 '대손금'(貸損金)이라 한다]은 각 사업연도의 소득금액을 계산할 때 손금에 산입한다.

2. 대손금 처리 불가 채권

다음의 어느 하나에 해당하는 채권에는 적용하지 아니한다.

① 채무보증으로 인하여 발생한 구상채권

② 특수관계인에 대한 업무무관 가지급금

3. 대손 채권의 회수

손금에 산입한 대손금 중 회수한 금액은 그 회수한 날이 속하는 사업연도의 소득금액을 계산할 때 익금에 산입한다.

Ⅲ 자본거래 등으로 인한 손비의 손금불산입

다음의 금액은 내국법인의 각 사업연도의 소득금액을 계산할 때 손금에 산입하지 아니한다.

① 결산을 확정할 때 잉여금의 처분을 손비로 계상한 금액

② 주식할인발행차금

Ⅳ 세금과 공과금의 손금불산입

다음의 세금과 공과금은 내국법인의 각 사업연도의 소득금액을 계산할 때 손금에 산입하지 아니한다.

1. 각 사업연도에 납부하였거나 납부할 법인세 또는 법인지방소득세와 각 세법에 규정된 의무불이행으로 인하여 납부하였거나 납부할 세액(가산세를 포함한다) 및 부가가치세의 매입세액(부가가치세가 면제되거나 그 밖에 대통령령으로 정하는 경우의 세액은 제외한다)
2. 판매하지 아니한 제품에 대한 반출필의 개별소비세, 주세 또는 교통 · 에너지 · 환경세의 미납액. 다만, 제품가격에 그 세액상당액을 가산한 경우에는 예외로 한다.
3. 벌금, 과료(통고처분에 따른 벌금 또는 과료에 상당하는 금액을 포함한다), 과태료(과료와 과태금을 포함한다), 가산금 및 강제징수비
4. 법령에 따라 의무적으로 납부하는 것이 아닌 공과금
5. 법령에 따른 의무의 불이행 또는 금지 · 제한 등의 위반에 대한 제재(制裁)로서 부과되는 공과금
6. 연결모법인에 지급하였거나 지급할 금액

V 징벌적 목적의 손해배상금 등에 대한 손금불산입

내국법인이 지급한 손해배상금 중 실제 발생한 손해를 초과하여 지급하는 금액으로서 일정 금액은 내국법인의 각 사업연도의 소득금액을 계산할 때 손금에 산입하지 아니한다.

VI 자산의 평가손실의 손금불산입

내국법인이 보유하는 자산의 평가손실은 각 사업연도의 소득금액을 계산할 때 손금에 산입하지 아니한다. 다만, 특정 평가손실은 손금에 산입한다.

VII 감가상각비의 손금불산입

내국법인이 각 사업연도의 결산을 확정할 때 토지를 제외한 건물, 기계 및 장치, 특허권 등 대통령령으로 정하는 유형자산 및 무형자산(이하 '감가상각자산')에 대한 감가상각비를 손비로 계상한 경우에는 상각범위액의 범위에서 그 계상한 감가상각비를 해당 사업연도의 소득금액을 계산할 때 손금에 산입하고, 그 계상한 금액 중 상각범위액을 초과하는 금액은 손금에 산입하지 아니한다.

내국법인이 법인세법과 다른 법률에 따라 법인세를 면제받거나 감면받은 경우에는 해당 사업연도의 소득금액을 계산할 때 감가상각비를 손금에 산입하여야 한다.

내국법인이 다음의 어느 하나에 해당하는 금액을 손비로 계상한 경우에는 해당 사업연도의 소득금액을 계산할 때 감가상각비로 계상한 것으로 보아 상각범위액을 계산한다.

① 감가상각자산을 취득하기 위하여 지출한 금액

② 감가상각자산에 대한 자본적 지출에 해당하는 금액

상각범위액을 초과하여 손금에 산입하지 아니한 금액은 그 후의 사업연도에 시인부족액의 범위 내에서 손금에 산입한다.

기부금의 손금불산입

1. 기부금의 의의

기부금이란 내국법인이 사업과 직접적인 관계없이 무상으로 지출하는 금액(특정거래를 통하여 실질적으로 증여한 것으로 인정되는 금액을 포함한다)을 말한다.

2. 특례기부금

내국법인이 각 사업연도에 지출한 기부금 및 이월된 기부금한도초과액 중 특례기부금은 특례기부금 손금산입한도액 내에서 해당 사업연도의 소득금액을 계산할 때 손금에 산입하되, 손금산입한도액을 초과하는 금액은 손금에 산입하지 아니한다.

(1) 특례기부금의 범위

가. 국가나 지방자치단체에 무상으로 기증하는 금품의 가액. 다만, 「기부금품의 모집 및 사용에 관한 법률」의 적용을 받는 기부금품은 같은 법 제5조 제2항에 따라 접수하는 것만 해당한다.
나. 국방헌금과 국군장병 위문금품의 가액
다. 천재지변으로 생기는 이재민을 위한 구호금품의 가액
라. 다음의 기관(병원은 제외한다)에 시설비 · 교육비 · 장학금 또는 연구비로 지출하는 기부금
  1) 「사립학교법」에 따른 사립학교
  2) 비영리 교육재단(국립 · 공립 · 사립학교의 시설비, 교육비, 장학금 또는 연구비 지급을 목적으로 설립된 비영리 재단법인으로 한정한다)
  3) 「국민 평생 직업능력 개발법」에 따른 기능대학
  4) 「평생교육법」에 따른 전공대학의 명칭을 사용할 수 있는 평생교육시설 및 원격대학 형태의 평생교육시설
  5) 「경제자유구역 및 제주국제자유도시의 외국교육기관 설립 · 운영에 관한 특별법」에 따라 설립된 외국교육기관 및 「제주특별자치도 설치 및 국제자유도시 조성을 위한 특별법」에 따라 설립된 비영리법인이 운영하는 국제학교
  6) 「산업교육진흥 및 산학연협력촉진에 관한 법률」에 따른 산학협력단
  7) 「한국과학기술원법」에 따른 한국과학기술원, 「광주과학기술원법」에 따른 광주과학기술원, 「대구경북과학기술원법」에 따른 대구경북과학기술원, 「울산과학기술원법」에 따른 울산과학기술원 및 「한국에너지공과대학교법」에 따른 한국에너지공과대학교
  8) 「국립대학법인 서울대학교 설립 · 운영에 관한 법률」에 따른 국립대학법인 서울대학교, 「국립대학법인 인천대학교 설립 · 운영에 관한 법률」에 따른 국립대학법인 인천대학교

및 이와 유사한 학교로서 대통령령으로 정하는 학교

9) 「재외국민의 교육지원 등에 관한 법률」에 따른 한국학교(대통령령으로 정하는 요건을 충족하는 학교만 해당한다)로서 대통령령으로 정하는 바에 따라 기획재정부장관이 지정·고시하는 학교

10) 「한국장학재단 설립 등에 관한 법률」에 따른 한국장학재단

마. 다음의 병원에 시설비·교육비 또는 연구비로 지출하는 기부금

1) 「국립대학병원 설치법」에 따른 국립대학병원
2) 「국립대학치과병원 설치법」에 따른 국립대학치과병원
3) 「서울대학교병원 설치법」에 따른 서울대학교병원
4) 「서울대학교치과병원 설치법」에 따른 서울대학교치과병원
5) 「사립학교법」에 따른 사립학교가 운영하는 병원
6) 「암관리법」에 따른 국립암센터
7) 「지방의료원의 설립 및 운영에 관한 법률」에 따른 지방의료원
8) 「국립중앙의료원의 설립 및 운영에 관한 법률」에 따른 국립중앙의료원
9) 「대한적십자사 조직법」에 따른 대한적십자사가 운영하는 병원
10) 「한국보훈복지의료공단법」에 따른 한국보훈복지의료공단이 운영하는 병원
11) 「방사선 및 방사성동위원소 이용진흥법」에 따른 한국원자력의학원
12) 「국민건강보험법」에 따른 국민건강보험공단이 운영하는 병원
13) 「산업재해보상보험법」 제43조 제1항 제1호에 따른 의료기관

바. 사회복지사업, 그 밖의 사회복지활동의 지원에 필요한 재원을 모집·배분하는 것을 주된 목적으로 하는 비영리법인(대통령령으로 정하는 요건을 충족하는 법인만 해당한다)으로서 대통령령으로 정하는 바에 따라 기획재정부장관이 지정·고시하는 법인에 지출하는 기부금

(2) 한도액

(기준소득금액 − 이월결손금) × 50%

3. 일반기부금

내국법인이 각 사업연도에 지출한 기부금 및 이월된 기부금한도초과액 중 일반기부금은 일반기부금 손금산입한도액 내에서 해당 사업연도의 소득금액을 계산할 때 손금에 산입하되, 손금산입한도액을 초과하는 금액은 손금에 산입하지 아니한다.

(1) 일반기부금의 범위

1. 다음 각 목의 비영리법인(단체 및 비영리외국법인을 포함하며, 이하 이 조에서 "공익법인등"이라 한다)에 대하여 해당 공익법인등의 고유목적사업비로 지출하는 기부금. 다만, 바목

에 따라 지정·고시된 법인에 지출하는 기부금은 지정일이 속하는 연도의 1월 1일부터 3년간(지정받은 기간이 끝난 후 2년 이내에 재지정되는 경우에는 재지정일이 속하는 사업연도의 1월 1일부터 6년간으로 한다. 이하 이 조에서 "지정기간"이라 한다) 지출하는 기부금으로 한정한다.

가. 「사회복지사업법」에 따른 사회복지법인
나. 「영유아보육법」에 따른 어린이집
다. 「유아교육법」에 따른 유치원, 「초·중등교육법」 및 「고등교육법」에 따른 학교, 「국민평생 직업능력 개발법」에 따른 기능대학, 「평생교육법」 제31조 제4항에 따른 전공대학 형태의 평생교육시설 및 같은 법 제33조 제3항에 따른 원격대학 형태의 평생교육시설
라. 「의료법」에 따른 의료법인
마. 종교의 보급, 그 밖에 교화를 목적으로 「민법」 제32조에 따라 문화체육관광부장관 또는 지방자치단체의 장의 허가를 받아 설립한 비영리법인(그 소속 단체를 포함한다)
바. 「민법」 제32조에 따라 주무관청의 허가를 받아 설립된 비영리법인(이하 이 조에서 "「민법」상 비영리법인"이라 한다), 비영리외국법인, 「협동조합 기본법」 제85조에 따라 설립된 사회적협동조합(이하 이 조에서 "사회적협동조합"이라 한다), 「공공기관의 운영에 관한 법률」 제4조에 따른 공공기관(같은 법 제5조 제4항 제1호에 따른 공기업은 제외한다. 이하 이 조에서 "공공기관"이라 한다) 또는 법률에 따라 직접 설립 또는 등록된 기관 중 다음의 요건을 모두 충족한 것으로서 국세청장(주사무소 및 본점소재지 관할 세무서장을 포함한다. 이하 이 조에서 같다)의 추천을 받아 기획재정부장관이 지정하여 고시한 법인. 이 경우 국세청장은 해당 법인의 신청을 받아 기획재정부장관에게 추천해야 한다.
   1) 다음의 구분에 따른 요건
      가) 「민법」상 비영리법인 또는 비영리외국법인의 경우 : 정관의 내용상 수입을 회원의 이익이 아닌 공익을 위하여 사용하고 사업의 직접 수혜자가 불특정 다수일 것(비영리외국법인의 경우 추가적으로 「재외동포의 출입국과 법적 지위에 관한 법률」 제2조에 따른 재외동포의 협력·지원, 한국의 홍보 또는 국제교류·협력을 목적으로 하는 것일 것). 다만, 「상속세 및 증여세법 시행령」 제38조 제8항 제2호 각 목 외의 부분 단서에 해당하는 경우에는 해당 요건을 갖춘 것으로 본다.
      나) 사회적협동조합의 경우 : 정관의 내용상 「협동조합 기본법」 제93조 제1항 제1호부터 제3호까지의 사업 중 어느 하나의 사업을 수행하는 것일 것
      다) 공공기관 또는 법률에 따라 직접 설립 또는 등록된 기관의 경우 : 설립목적이 사회복지·자선·문화·예술·교육·학술·장학 등 공익목적 활동을 수행하는 것일 것
   2) 해산하는 경우 잔여재산을 국가·지방자치단체 또는 유사한 목적을 가진 다른 비영리법인에 귀속하도록 한다는 내용이 정관에 포함되어 있을 것
   3) 인터넷 홈페이지가 개설되어 있고, 인터넷 홈페이지를 통해 연간 기부금 모금액 및 활용실적을 공개한다는 내용이 정관에 포함되어 있으며, 법인의 공익위반 사항을 국민권익위원회, 국세청 또는 주무관청 등 공익위반사항을 관리·감독할 수 있는 기관(이하 "공익위반사항 관리·감독 기관"이라 한다) 중 1개 이상의 곳에 제보가 가능하도록 공익위반사항 관리·감독기관이 개설한 인터넷 홈페이지와 해당 법인이

개설한 홈페이지가 연결되어 있을 것

4) 비영리법인으로 지정·고시된 날이 속하는 연도와 그 직전 연도에 해당 비영리법인의 명의 또는 그 대표자의 명의로 특정 정당 또는 특정인에 대한 「공직선거법」 제58조 제1항에 따른 선거운동을 한 사실이 없을 것

5) 제12항에 따라 지정이 취소된 경우에는 그 취소된 날부터 3년, 제9항에 따라 추천을 받지 않은 경우에는 그 지정기간의 종료일부터 3년이 지났을 것. 다만, 제5항 제1호에 따른 의무를 위반한 사유만으로 지정이 취소되거나 추천을 받지 못한 경우에는 그렇지 않다.

2. 다음 각 목의 기부금

가. 「유아교육법」에 따른 유치원의 장·「초·중등교육법」 및 「고등교육법」에 의한 학교의 장, 「국민 평생 직업능력 개발법」에 의한 기능대학의 장, 「평생교육법」 제31조 제4항에 따른 전공대학 형태의 평생교육시설 및 같은 법 제33조 제3항에 따른 원격대학 형태의 평생교육시설의 장이 추천하는 개인에게 교육비·연구비 또는 장학금으로 지출하는 기부금

나. 「상속세 및 증여세법 시행령」 제14조 제1항 각 호의 요건을 갖춘 공익신탁으로 신탁하는 기부금

다. 사회복지·문화·예술·교육·종교·자선·학술 등 공익목적으로 지출하는 기부금으로서 기획재정부장관이 지정하여 고시하는 기부금

3. 삭제 <2018. 2. 13.>

4. 다음 각 목의 어느 하나에 해당하는 사회복지시설 또는 기관 중 무료 또는 실비로 이용할 수 있는 시설 또는 기관에 기부하는 금품의 가액. 다만, 나목 1)에 따른 노인주거복지시설 중 양로시설을 설치한 자가 해당 시설의 설치·운영에 필요한 비용을 부담하는 경우 그 부담금 중 해당 시설의 운영으로 발생한 손실금(기업회계기준에 따라 계산한 해당 과세기간의 결손금을 말한다)이 있는 경우에는 그 금액을 포함한다.

가. 「아동복지법」 제52조 제1항에 따른 아동복지시설

나. 「노인복지법」 제31조에 따른 노인복지시설 중 다음의 시설을 제외한 시설

1) 「노인복지법」 제32조 제1항에 따른 노인주거복지시설 중 입소자 본인이 입소비용의 전부를 부담하는 양로시설·노인공동생활가정 및 노인복지주택

2) 「노인복지법」 제34조 제1항에 따른 노인의료복지시설 중 입소자 본인이 입소비용의 전부를 부담하는 노인요양시설·노인요양공동생활가정 및 노인전문병원

3) 「노인복지법」 제38조에 따른 재가노인복지시설 중 이용자 본인이 재가복지서비스에 대한 이용대가를 전부 부담하는 시설

다. 「장애인복지법」 제58조 제1항에 따른 장애인복지시설. 다만, 다음 각 목의 시설은 제외한다.

1) 비영리법인(「사회복지사업법」 제16조 제1항에 따라 설립된 사회복지법인을 포함한다) 외의 자가 운영하는 장애인 공동생활가정

2) 「장애인복지법 시행령」 제36조에 따른 장애인생산품 판매시설

3) 장애인 유료복지시설

라. 「한부모가족지원법」 제19조 제1항에 따른 한부모가족복지시설

마. 「정신건강증진 및 정신질환자 복지서비스 지원에 관한 법률」 제3조 제6호 및 제7호에

따른 정신요양시설 및 정신재활시설

바. 「성매매방지 및 피해자보호 등에 관한 법률」 제6조 제2항 및 제10조 제2항에 따른 지원시설 및 성매매피해상담소

사. 「가정폭력방지 및 피해자보호 등에 관한 법률」 제5조 제2항 및 제7조 제2항에 따른 가정폭력 관련 상담소 및 보호시설

아. 「성폭력방지 및 피해자보호 등에 관한 법률」 제10조 제2항 및 제12조 제2항에 따른 성폭력피해상담소 및 성폭력피해자보호시설

자. 「사회복지사업법」 제34조에 따른 사회복지시설 중 사회복지관과 부랑인·노숙인 시설

차. 「노인장기요양보험법」 제32조에 따른 재가장기요양기관

카. 「다문화가족지원법」 제12조에 따른 다문화가족지원센터

타. 「건강가정기본법」 제35조 제1항에 따른 건강가정지원센터

파. 「청소년복지 지원법」 제31조에 따른 청소년복지시설

5. 삭제 <2018. 2. 13.>

6. 다음 각 목의 요건을 모두 갖춘 국제기구로서 기획재정부장관이 지정하여 고시하는 국제기구에 지출하는 기부금

가. 사회복지, 문화, 예술, 교육, 종교, 자선, 학술 등 공익을 위한 사업을 수행할 것

나. 우리나라가 회원국으로 가입하였을 것

(2) 한도액

$$\{(\text{기준소득금액} - \text{이월결손금}) - \text{특례기부금}\} \times 10\%$$

4. 비지정기부금

특례 및 일반기부금 외의 기부금은 해당 사업연도의 소득금액을 계산할 때 손금에 산입하지 아니한다.

5. 기부금한도초과액의 이월공제

내국법인이 각 사업연도에 지출하는 기부금 중 손금산입한도초과액은 해당 사업연도의 다음 사업연도 개시일부터 10년 이내에 끝나는 각 사업연도로 이월하여 그 이월된 사업연도의 소득금액을 계산할 때 특례기부금 및 일반기부금 각각의 손금산입한도액의 범위에서 손금에 산입한다.

6. 기부금의 손금산입 순서

특례기부금 및 일반기부금을 손금에 산입하는 경우에는 기부금한도초과액으로서 이월된 금액을 해당 사업연도에 지출한 기부금보다 먼저 손금에 산입한다. 이 경우 이월된 금액은 먼저 발생한 이월금액부터 손금에 산입한다.

IX 기업업무추진비의 손금불산입

1. 기업업무추진비의 의의

기업업무추진비란 접대, 교제, 사례 또는 그 밖에 어떠한 명목이든 상관없이 이와 유사한 목적으로 지출한 비용으로서 내국법인이 직접 또는 간접적으로 업무와 관련이 있는 자와 업무를 원활하게 진행하기 위하여 지출한 금액을 말한다.

2. 증명서류의 수취

내국법인이 한 차례의 접대에 지출한 기업업무추진비 중 3만원(경조사비 20만원)을 초과하는 기업업무추진비로서 다음의 어느 하나에 해당하지 아니하는 것은 각 사업연도의 소득금액을 계산할 때 손금에 산입하지 아니한다. 다만, 지출사실이 객관적으로 명백한 경우로서 다음의 어느 하나에 해당하는 기업업무추진비라는 증거자료를 구비하기 어려운 국외지역에서의 지출 및 농어민에 대한 지출 등은 그러하지 아니하다.

① 신용카드등 및 현금영수증을 사용하여 지출하는 기업업무추진비
② 계산서 또는 「부가가치세법」에 따른 세금계산서를 발급받아 지출하는 기업업무추진비
③ 「부가가치세법」에 따른 매입자발행세금계산서를 발행하여 지출하는 기업업무추진비
④ 원천징수영수증을 발행하여 지출하는 기업업무추진비

재화 또는 용역을 공급하는 신용카드등의 가맹점이 아닌 다른 가맹점의 명의로 작성된 매출전표 등을 발급받은 경우 해당 지출금액은 기업업무추진비로 보지 아니한다.

3. 기업업무추진비 한도액

내국법인이 각 사업연도에 지출한 기업업무추진비(증빙 미수취 및 적격증빙미수취 등의 사유로 손금에 산입하지 아니하는 금액은 제외한다)로서 다음 금액의 합계액을 초과하는 금액은 해

당 사업연도의 소득금액을 계산할 때 손금에 산입하지 아니한다.

(1) 기본한도

다음 계산식에 따라 계산한 금액

$$기본한도금액 = A \times B \times \frac{1}{12}$$

A : 1천200만원(중소기업의 경우에는 3천600만원)
B : 해당 사업연도의 개월 수[이 경우 개월 수는 역(曆)에 따라 계산하되, 1개월 미만의 일수는 1개월로 한다]

(2) 수입금액별 한도

해당 사업연도의 수입금액(대통령령으로 정하는 수입금액만 해당한다)에 다음 표에 규정된 비율을 적용하여 산출한 금액. 다만, 특수관계인과의 거래에서 발생한 수입금액에 대해서는 그 수입금액에 다음 표에 규정된 비율을 적용하여 산출한 금액의 100분의 10에 상당하는 금액으로 한다.

수입금액	비 율
100억원 이하	0.3퍼센트
100억원 초과 500억원 이하	3천만원 + (수입금액 − 100억원) × 0.2퍼센트
500억원 초과	1억1천만원 + (수입금액 − 500억원) × 0.03퍼센트

특정내국법인의 경우에는 일반기업업무추진비 한도액의 50%를 초과하는 금액은 해당 사업연도의 소득금액을 계산할 때 손금에 산입하지 아니한다.

X 과다경비 등의 손금불산입

다음의 손비 중 과다하거나 부당하다고 인정하는 금액은 내국법인의 각 사업연도의 소득금액을 계산할 때 손금에 산입하지 아니한다.

① 인건비
② 복리후생비
③ 여비(旅費) 및 교육·훈련비

④ 법인이 그 법인 외의 자와 동일한 조직 또는 사업 등을 공동으로 운영하거나 경영함에 따라 발생되거나 지출된 손비
⑤ 위 외에 법인의 업무와 직접 관련이 적다고 인정되는 경비

XI 업무와 관련 없는 비용의 손금불산입

내국법인이 지출한 비용 중 다음의 금액은 각 사업연도의 소득금액을 계산할 때 손금에 산입하지 아니한다.

① 해당 법인의 업무와 직접 관련이 없다고 인정되는 자산을 취득·관리함으로써 생기는 비용 등
② 해당 법인의 업무와 직접 관련이 없다고 인정되는 지출금액

XII 업무용승용차 관련비용의 손금불산입 등 특례

1. 강제감가상각

「개별소비세법」 과세대상 승용자동차(운수업, 자동차판매업 등에서 사업에 직접 사용하는 승용자동차로서 대통령령으로 정하는 것과 연구개발을 목적으로 사용하는 승용자동차로서 대통령령으로 정하는 것은 제외하며, 이하 '업무용승용차'라 한다)에 대한 감가상각비는 각 사업연도의 소득금액을 계산할 때 5년, 정액법을 적용하여 손금에 산입하여야 한다.

2. 업무무관비용의 손금불산입

내국법인이 업무용승용차를 취득하거나 임차함에 따라 해당 사업연도에 발생하는 감가상각비, 임차료, 유류비 등 대통령령으로 정하는 비용(이하 '업무용승용차 관련비용') 중 업무사용금액에 해당하지 아니하는 금액은 해당 사업연도의 소득금액을 계산할 때 손금에 산입하지 아니한다.

3. 감가상각비 한도시부인

업무사용금액 중 다음의 구분에 해당하는 비용이 해당 사업연도에 각각 800만원(해당 사업연도가 1년 미만인 경우 800만원에 해당 사업연도의 월수를 곱하고 이를 12로 나누어 산출한 금액을 말하고, 사업연도 중 일부 기간 동안 보유하거나 임차한 경우에는 800만원에 해당 보유기간 또는 임차기간 월수를 곱하고 이를 사업연도 월수로 나누어 산출한 금액을 말한다)을 초과하는 경우 그 초과하는 금액(이하 '감가상각비 한도초과액'이라 한다)은 해당 사업연도의 손금에 산입하지 아니하고 이월하여 손금에 산입한다.

① 업무용승용차별 감가상각비
② 업무용승용차별 임차료 중 대통령령으로 정하는 감가상각비 상당액

4. 처분손실의 손금불산입

업무용승용차를 처분하여 발생하는 손실로서 업무용승용차별로 800만원(해당 사업연도가 1년 미만인 경우 800만원에 해당 사업연도의 월수를 곱하고 이를 12로 나누어 산출한 금액을 말한다)을 초과하는 금액은 이월하여 손금에 산입한다.

5. 특정내국법인

특정내국법인의 경우에는 "800만원"을 각각 "400만원"으로 한다.

XIII 지급이자의 손금불산입

다음 차입금의 이자는 내국법인의 각 사업연도의 소득금액을 계산할 때 손금에 산입하지 아니한다. 다음 차입금 이자의 손금불산입에 관한 규정이 동시에 적용되는 경우에는 순서대로 손금에 산입하지 아니한다.

① 채권자가 불분명한 사채의 이자
② 「소득세법」에 따른 채권·증권의 이자·할인액 또는 차익 중 그 지급받은 자가 불분명한 것
③ 건설자금에 충당한 차입금의 이자

☑ 건설자금에 충당한 차입금의 이자에서 특정차입금의 이자를 뺀 금액(일반차입금의 이자)은 내국법인의 각 사업연도의 소득금액을 계산할 때 손금에 산입하지 아니할 수

있다.

④ 다음의 어느 하나에 해당하는 자산을 취득하거나 보유하고 있는 내국법인이 각 사업연도에 지급한 차입금의 이자 중 대통령령으로 정하는 바에 따라 계산한 금액(차입금 중 해당 자산가액에 상당하는 금액의 이자를 한도로 한다)

가. 업무무관자산

나. 특수관계인에게 해당 법인의 업무와 관련 없이 지급한 가지급금 등

Chapter 05

준비금 및 충당금의 손금산입

I 퇴직급여충당금의 손금산입

내국법인이 각 사업연도의 결산을 확정할 때 임원이나 직원의 퇴직급여에 충당하기 위하여 퇴직급여충당금을 손비로 계상한 경우에는 퇴직급여충당금 한도액의 범위에서 그 계상한 퇴직급여충당금을 해당 사업연도의 소득금액을 계산할 때 손금에 산입한다.

퇴직급여충당금을 손금에 산입한 내국법인이 임원이나 직원에게 퇴직금을 지급하는 경우에는 그 퇴직급여충당금에서 먼저 지급한 것으로 본다.

II 대손충당금의 손금산입

1. 개　　요

내국법인이 각 사업연도의 결산을 확정할 때 외상매출금, 대여금 및 그 밖에 이에 준하는 채권의 대손에 충당하기 위하여 대손충당금을 손비로 계상한 경우에는 대손충당금 한도액의 범위에서 그 계상한 대손충당금을 해당 사업연도의 소득금액을 계산할 때 손금에 산입한다.

2. 대손충당금 설정 불가 채권

다음의 어느 하나에 해당하는 채권에는 적용하지 아니한다.

① 채무보증 구상채권

② 특수관계인에 대한 업무무관 가지급금

3. 대손 확정시 세무처리

대손충당금을 손금에 산입한 내국법인은 대손금이 발생한 경우 그 대손금을 대손충당금과 먼저 상계하여야 하고, 상계하고 남은 대손충당금의 금액은 다음 사업연도의 소득금액을 계산할 때 익금에 산입한다.

Ⅲ 국고보조금등으로 취득한 사업용자산가액의 손금산입

내국법인이 국고보조금등을 지급받아 그 지급받은 날이 속하는 사업연도의 종료일까지 사업용자산을 취득하거나 개량하는 데에 사용한 경우 또는 사업용자산을 취득하거나 개량하고 이에 대한 국고보조금등을 사후에 지급받은 경우에는 해당 사업용자산의 가액 중 그 사업용자산의 취득 또는 개량에 사용된 국고보조금등 상당액을 그 사업연도의 소득금액을 계산할 때 손금에 산입할 수 있다.

국고보조금등을 지급받은 날이 속하는 사업연도의 종료일까지 사업용자산을 취득하거나 개량하지 아니한 내국법인이 그 사업연도의 다음 사업연도 개시일부터 1년 이내에 사업용자산을 취득하거나 개량하려는 경우에는 취득 또는 개량에 사용하려는 국고보조금등의 금액을 손금에 산입할 수 있다. 이 경우 허가 또는 인가의 지연 등으로 국고보조금등을 기한 내에 사용하지 못한 경우에는 해당 사유가 끝나는 날이 속하는 사업연도의 종료일을 그 기한으로 본다. 이에 따라 국고보조금등 상당액을 손금에 산입한 내국법인이 손금에 산입한 금액을 기한 내에 사업용자산의 취득 또는 개량에 사용하지 아니하거나 사용하기 전에 폐업 또는 해산하는 경우 그 사용하지 아니한 금액은 해당 사유가 발생한 날이 속하는 사업연도의 소득금액을 계산할 때 익금에 산입한다.

Ⅳ 공사부담금으로 취득한 사업용자산가액의 손금산입

다음 어느 하나에 해당하는 사업을 하는 내국법인이 그 사업에 필요한 시설을 하기 위하여 해당 시설의 수요자 또는 편익을 받는 자로부터 그 시설을 구성하는 토지 등 유형자산 및 무형자산(이하 '사업용자산')을 제공받은 경우 또는 공사부담금을 제공받아 그 제공받은 날이 속하는 사업연도의 종료일까지 사업용자산의 취득에 사용하거나 사업용자산을 취득하고 이에 대한 공사부담금을 사후에 제공받은 경우에는 해당 사업용자산의 가액(공사부담금을 제공받은 경우에는 그 사업용자산의 취득에 사용된 공사부담금 상당액)을 그 사업연도의 소득금액을 계산할 때 손금에 산입할 수 있다.

① 「전기사업법」에 따른 전기사업
② 「도시가스사업법」에 따른 도시가스사업
③ 「액화석유가스의 안전관리 및 사업법」에 따른 액화석유가스 충전사업, 액화석유가스 집단공급사업 및 액화석유가스 판매사업
④ 「집단에너지사업법」에 따른 집단에너지공급사업
⑤ 위의 사업과 유사한 사업

공사부담금으로 사업용자산을 취득하는 경우의 손금산입 등에 관하여는 국고보조금의 규정을 준용한다.

V 보험차익으로 취득한 자산가액의 손금산입

내국법인이 유형자산(이하 '보험대상자산')의 멸실이나 손괴로 인하여 보험금을 지급받아 그 지급받은 날이 속하는 사업연도의 종료일까지 멸실한 보험대상자산과 같은 종류의 자산을 대체 취득하거나 손괴된 보험대상자산을 개량(그 취득한 자산의 개량을 포함한다)하는 경우에는 해당 자산의 가액 중 그 자산의 취득 또는 개량에 사용된 보험차익 상당액을 그 사업연도의 소득금액을 계산할 때 손금에 산입할 수 있다.

보험차익으로 자산을 취득하거나 개량하는 경우의 손금산입 등에 관하여는 국고보조금의 규정을 준용한다. 이 경우 "1년"은 "2년"으로 본다.

Chapter 06

손익의 귀속시기 등

I 손익의 귀속사업연도

내국법인의 각 사업연도의 익금과 손금의 귀속사업연도는 그 익금과 손금이 확정된 날이 속하는 사업연도로 한다.

II 자산의 취득가액

내국법인이 매입·제작·교환 및 증여 등에 의하여 취득한 자산의 취득가액은 다음의 구분에 따른 금액으로 한다.

① 타인으로부터 매입한 자산(단기매매금융자산은 제외한다) : 매입가액에 부대비용을 더한 금액

② 내국법인이 외국자회사를 인수하여 취득한 주식등 : 제18조의4에 따라 익금불산입된 수입배당금액, 인수 시점의 외국자회사의 이익잉여금 등을 고려하여 대통령령으로 정하는 금액

③ 자기가 제조·생산 또는 건설하거나 그 밖에 이에 준하는 방법으로 취득한 자산 : 제작원가에 부대비용을 더한 금액

④ 그 밖의 자산 : 취득 당시의 대통령령으로 정하는 금액

III 자산·부채의 평가

내국법인이 보유하는 자산과 부채의 장부가액을 평가증 또는 평가감한 경우에는 그 평가일이 속하는 사업연도와 그 후의 각 사업연도의 소득금액을 계산할 때 그 자산과 부채의 장부가액은 평가 전의 가액으로 한다. 다만, 다음의 어느 하나에 해당하는 경우에는 그러하

지 아니하다.

① 「보험업법」이나 그 밖의 법률에 따른 유형자산 및 무형자산 등의 평가(장부가액을 증액한 경우만 해당한다)

② 재고자산(在庫資産) 등 대통령령으로 정하는 자산과 부채의 평가

다음의 어느 하나에 해당하는 자산은 대통령령으로 정하는 방법에 따라 그 장부가액을 감액할 수 있다.

① 재고자산으로서 파손·부패 등의 사유로 정상가격으로 판매할 수 없는 것

② 유형자산으로서 천재지변·화재 등 대통령령으로 정하는 사유로 파손되거나 멸실된 것

③ 대통령령으로 정하는 주식등으로서 해당 주식등의 발행법인이 다음의 어느 하나에 해당하는 것

가. 부도가 발생한 경우

나. 「채무자 회생 및 파산에 관한 법률」에 따른 회생계획인가의 결정을 받은 경우

다. 「기업구조조정 촉진법」에 따른 부실징후기업이 된 경우

라. 파산한 경우

Chapter 07

세액의 계산

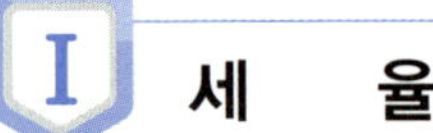

I 세 율

내국법인의 각 사업연도의 소득에 대한 법인세는 과세표준에 다음의 세율을 적용하여 계산한 금액(토지등 양도소득에 대한 법인세액 및 「조세특례제한법」에 따른 투자 · 상생협력 촉진을 위한 과세특례를 적용하여 계산한 법인세액이 있으면 이를 합한 금액으로 한다. 이하 '산출세액'이라 한다)을 그 세액으로 한다.

과세표준	세 율
2억원 이하	과세표준의 100분의 9
2억원 초과 200억원 이하	1천800만원 + (2억원을 초과하는 금액의 100분의 19)
200억원 초과 3천억원 이하	37억8천만원 + (200억원을 초과하는 금액의 100분의 21)
3천억원 초과	625억8천만원 + (3천억원을 초과하는 금액의 100분의 24)

사업연도가 1년 미만인 내국법인의 각 사업연도의 소득에 대한 법인세는 그 사업연도의 과세표준을 그 사업연도의 월수로 나눈 금액에 12를 곱하여 산출한 금액에 세율을 적용하여 계산한 금액에 그 사업연도의 월수를 12로 나눈 수를 곱하여 산출한 세액을 그 세액으로 한다.

Chapter 08

신고 및 납부

I 과세표준 등의 신고

1. 신고의무자

납세의무가 있는 내국법인은 각 사업연도의 종료일이 속하는 달의 말일부터 3개월(내국법인이 성실신고확인서를 제출하는 경우에는 4개월로 한다) 이내에 그 사업연도의 소득에 대한 법인세의 과세표준과 세액을 납세지 관할 세무서장에게 신고하여야 한다.

과세표준 등의 신고는 내국법인으로서 각 사업연도의 소득금액이 없거나 결손금이 있는 법인의 경우에도 적용한다.

2. 첨부서류

신고를 할 때에는 그 신고서에 다음의 서류를 첨부하여야 한다.

① 기업회계기준을 준용하여 작성한 개별 내국법인의 재무상태표·포괄손익계산서 및 이익잉여금처분계산서(또는 결손금처리계산서)

② 세무조정계산서

③ 그 밖에 대통령령으로 정하는 서류

위 ① 및 ②의 서류를 첨부하지 아니하는 경우 법인세법에 따른 신고로 보지 아니한다.

PART 07

소득세법

Ⅰ. 소득세의 기본이론

Ⅱ. 소득세법 총론

Ⅲ. 거주자의 종합소득 등에 대한 납세의무

Ⅳ. 거주자의 양도소득에 대한 납세의무

PART 07

소득세법

I 소득세의 기본이론

1. 소득세의 의의와 특성

소득세란 소득을 과세물건으로 하여 부과하는 조세를 총칭하는데, 개인이 얻는 소득에 대하여 부과하는 개인소득세와 법인이 얻는 소득에 대하여 부과하는 법인소득세로 구분하는 것이 일반적이다.

소득세는 각 개인의 부담능력을 가장 직접적으로 나타내는 소득을 과세물건으로 하기 때문에 응능부담의 원칙에 가장 부합하는 조세이다.

소득세가 조세체계상 차지하는 위치를 살펴보면 다음과 같다.

① 소득세는 과세권의 주체가 국가이므로 국세에 해당한다.

② 소득세는 납세의무자와 담세자가 일치할 것을 예정한 조세이므로 직접세에 해당한다.

③ 소득세는 조세수입의 용도를 특정하지 아니한 보통세이다.

④ 소득세는 인적사정을 고려하여 과세하는 인세이다.

⑤ 소득세는 과세물건을 측정하는 척도가 화폐단위로 표시되는 소득금액이기 때문에 종가세이다.

<table>
<tr><th>구 분</th><th>내 용</th></tr>
<tr><td>의 의</td><td>개인의 소득을 과세물건으로 하여 부과하는 조세</td></tr>
<tr><td>중요성</td><td>① 각 개인의 부담능력을 가장 직접적으로 표상하는 소득을 과세물건으로 하면서 개인적인 사정을 고려하고 누진세율을 적용하기 때문에 응능부담의 원칙을 실현하기에 가장 적합한 조세이다.
② 세수기여도가 높다.</td></tr>
<tr><td>위 상</td><td><table>
<tr><th>구 분</th><th>내 용</th></tr>
<tr><td>국 세</td><td>과세권의 주체가 국가이다.</td></tr>
<tr><td>직접세</td><td>입법자가 세액의 전가를 고려하지 아니하고 납세의무자와 담세자가 일치할 것을 예정한 조세이다.</td></tr>
</table></td></tr>
</table>

<table>
<tr><th>구 분</th><th>내 용</th></tr>
<tr><td></td><td><table><tr><th>구 분</th><th>내 용</th></tr><tr><td>보통세</td><td>조세수입의 용도를 특정하지 아니한 조세이다.</td></tr><tr><td>인 세</td><td>인적사정을 고려하여 과세하는 조세이다.</td></tr><tr><td>종가세</td><td>과세물건을 측정하는 척도가 화폐단위로 표시되는 소득금액이다.</td></tr></table></td></tr>
<tr><td>특 성</td><td>(1) 공평성의 확보
① 개인의 담세력을 가장 직접적으로 표상하는 소득을 과세물건으로 함
② 부양가족의 수와 같이 담세능력에 영향을 미치는 객관적인 요인을 과세에 고려함
③ 초과누진세율구조를 채택함으로써 개인의 담세능력에 상응한 공평 과세 달성가능함
(2) 소득재분배의 달성과 경기조절기능의 수행
① 개인적인 사정을 고려한 인적공제제도와 누진세율구조에 의하여 소득재분배의 기능을 수행함
② 인적공제제도와 초과누진세율구조로 인하여 조세의 소득탄력성이 매우 크게 나타남
(3) 과세의 충분성의 보장
비교적 시장가격기구에 충격을 주지 않으면서 많은 규모의 세수를 조달할 수 있음</td></tr>
<tr><td>문제점</td><td>(1) 세무행정의 복잡성
① 과세표준의 산정과정이 매우 어려움
② 다양한 원천으로부터 얻어진 소득을 종합하는 세무행정업무가 복잡함
③ 인적사항을 고려하기 위하여 마련된 각종 공제제도가 세무행정을 더욱 복잡하게 함
(2) 탈세 또는 조세회피행위에 의한 불공평의 초래
(3) 납세자의 심리적 중압감 등
① 담세자와 납세의무자가 일치하는 직접세에 해당함
② 납세의무자에게 장부의 기장이나 과세표준과 세액의 신고 등과 같은 의무의 이행을 강제하고 있음
(4) 경제성장에 대한 저해적 효과
① 민간의 투자 및 저축을 감소시킴
② 높은 한계세율로 인하여 근로의욕이 위축됨</td></tr>
</table>

2. 소득세의 과세원칙

구 분	내 용
응능부담의 원칙	동일한 경제적 능력에 대하여는 동일한 조세가 부담되어야 하며(수평적 공평), 보다 높은 담세력이 있는 자는 보다 낮은 담세력을 갖는 자에 비하여 보다 많은 조세를 부담하지 않으면 안된다(수직적 공평).

<table>
<tr><th>구 분</th><th>내 용</th></tr>
<tr><td></td><td>
<table>
<tr><th>구 분</th><th>내 용</th></tr>
<tr><td>종합과세의 원칙</td><td>자연인에게 귀속된 모든 소득을 종합하여 과세</td></tr>
<tr><td>순소득과세의 원칙</td><td>총수입금액에서 필요경비를 공제한 순소득액에 대하여 부과</td></tr>
<tr><td>최저생활비 면세의 원칙</td><td>자신과 가족의 생존을 위하여 불가피하게 소비하지 않으면 안될 최저한의 지출은 소득세의 과세표준에서 제외</td></tr>
<tr><td>누진과세의 원칙</td><td>누진세율의 적용</td></tr>
<tr><td>실질과세의 원칙</td><td>과세소득의 귀속이 명의일 뿐이고 사실상 귀속되는 자가 따로 있는 때에는 사실상 귀속되는 자를 납세의무자로 하여 소득세를 과세</td></tr>
</table>
</td></tr>
<tr><td>기간과세의 원칙</td><td>자연인의 생애소득을 기준으로 과세하는 것이 마땅하지만 과세의 편의를 고려하여 인위적으로 기간을 획정하고, 그 획정한 기간을 단위로 하여 세액을 산정·부과하도록 하고 있다.</td></tr>
<tr><td>혼인과 가족생활의 보호원칙</td><td>소득세가 혼인 및 가족생활을 방해하거나 부부 및 가족을 불리하게 취급하는 결과를 초래하지 않도록 고려하여야 한다.</td></tr>
</table>

3. 과세소득의 개념과 범위

소득원천설을 채택하고 있다.

4. 과세단위

구 분	내 용
개 념	소득을 종합하는 인적단위
우리나라의 과세단위	개인단위주의(소득을 얻는 개인을 과세단위로 함)

5. 인적공제제도

구 분	내 용
의 의	가족의 생존에 필요한 최저생활비를 과세에서 제외함과 아울러 과세단위간의 상이한 인적 구성에 상응하는 공평한 소득세의 부담을 실현하기 위하여 인정되고 있는 공제제도
기 능	① 최저생활비에 대한 면세 ② 저소득층의 실효세율에 대한 완만한 누진성의 확보

<table>
<tr><th>구 분</th><th>내 용</th></tr>
<tr><td></td><td>③ 가족의 수에 따른 세부담의 차등
④ 업무량의 축소와 세무행정비용의 절감 : 영세한 계층의 납세의무자를 과세에서 제외함으로써 납세의무자수를 감소시키는 기능을 수행함</td></tr>
<tr><td>유 형</td><td>
<table>
<tr><th>구 분</th><th>내 용</th></tr>
<tr><td>필요경비적 공제</td><td>① 객관적 담세력을 측정하기 위하여 총수입금액에서 필요경비를 공제하여 순소득 또는 이득을 산정
② 실액에 의하여 공제 원칙
예 근로소득공제, 퇴직소득공제</td></tr>
<tr><td>개인적 지출에 관한 공제</td><td>불가피한 개인적 지출을 과세표준에서 제외함으로써 담세력에 따른 과세를 실현
예 특별소득공제, 특별세액공제</td></tr>
<tr><td>특별공제</td><td>오랜 기간에 걸쳐 집적된 소득이 일시에 실현되거나 변동소득의 성격을 지닌 소득유형에 대하여 누진과세의 폐해를 완화하기 위함
예 연금소득공제, 퇴직소득공제, 양도소득기본공제 및 장기보유특별공제</td></tr>
<tr><td>조세우대조치</td><td>① 중소기업창업투자조합 출자 등에 대한 소득공제
② 신용카드 등 사용금액에 대한 소득공제</td></tr>
<tr><td>인적공제</td><td>가족의 생존에 필요한 인적비용
예 기본공제, 추가공제(장애인공제, 경로자공제, 한부모공제, 부녀자공제)</td></tr>
</table>
</td></tr>
</table>

Ⅱ 소득세법 총론

1. 납세의무자

구 분	내 용
납세의무자	① 개인(자연인, 법인으로 보지 아니하는 법인 아닌 단체) ② 개인은 거주자와 비거주자로 구분
거주자	국내에 주소[*1]를 두거나 183일 이상 거소[*2]를 둔 개인
비거주자	거주자가 아닌 개인

*1 생활의 근거가 되는 곳

*2 주소지 외의 장소 중 상당기간에 걸쳐 거주하는 장소로서 주소와 같이 밀접한 일반적 생활관계가 형성되지 아니한 장소

2. 납세의무의 범위

구 분	내 용
거주자	소득세법에서 정하고 있는 모든 소득에 대한 무제한 납세의무 부담
비거주자	국내원천소득에 한정하여 제한 납세의무 부담

3. 과세기간

구 분	과세기간
일반적인 경우	1월 1일부터 12월 31일까지(역년주의)
거주자가 사망한 경우	1월 1일부터 사망한 날까지
거주자가 출국하는 경우	1월 1일부터 출국한 날까지

Ⅲ 거주자의 종합소득 등에 대한 납세의무

1. 소득의 종류 및 개념

종 류	개 념
이자소득	금전을 대여하고 받는 대가 이자부 소비대차에 있어서의 이자, 사채의 이자, 신용계 또는 신용부금으로 인한 이익, 저축성 보험의 보험차익 및 금전의 사용에 따른 대가의 성격이 있는 일체의 경제적 이익 포함
배당소득	주주 또는 사원이 회사로부터 받는 이익 또는 잉여금의 분배액 회사가 주주 등에게 이익배당의 형태로 금전 또는 주식을 지급 또는 교부하지는 아니하였지만 이익배당을 한 것과 같은 경제적 이익을 주는 경우(예 잉여금의 자본전입 등)에는 배당으로 의제한다. 법인세법에 따라 배당으로 소득처분한 금액
사업소득	일정한 사업에서 생긴 소득 사업 : 영리를 목적으로 자기의 계산과 책임 아래 계속적·반복적으로 하는 활동
근로소득	근로자 등이 비독립적 지위에서 근로를 제공하고 받는 대가

종 류	개 념
연금소득	공적연금소득 : 공적연금 관련법(국민연금법 · 공무원연금법 · 군인연금법 · 사립학교 교직원연금법 · 별정우체국법 또는 국민연금과 직역연금의 연계에 관한 법률)에 따라 받는 각종 연금소득 사적연금소득 : 다음 중 어느 하나에 해당하는 금액을 그 소득의 성격에도 불구하고 연금계좌 또는 퇴직연금계좌에서 연금형태로 인출하는 경우의 그 연금 ① 원천징수되지 아니한 퇴직소득 ② 거주자가 연금계좌에 납입하여 연금계좌세액공제를 받은 금액 ③ 연금계좌의 운영실적에 따라 증가된 금액 ④ 그 밖에 연금계좌에 이체 또는 입금되어 해당 금액에 대한 소득세가 이연된 소득으로서 대통령령으로 정하는 소득
기타소득	이자소득 · 배당소득 · 사업소득 · 근로소득 · 연금소득 · 퇴직소득 및 양도소득 외의 소득으로서 소득세법 제21조에서 기타소득으로 열거하고 있는 소득 ☑ 기타소득 1. 상금, 현상금, 포상금, 보로금 또는 이에 준하는 금품 2. 복권, 경품권, 그 밖의 추첨권에 당첨되어 받는 금품 3. 「사행행위 등 규제 및 처벌특례법」에서 규정하는 행위(적법 또는 불법 여부는 고려하지 아니한다)에 참가하여 얻은 재산상의 이익 4. 「한국마사회법」에 따른 승마투표권, 「경륜 · 경정법」에 따른 승자투표권, 「전통소싸움경기에 관한 법률」에 따른 소싸움경기투표권 및 「국민체육진흥법」에 따른 체육진흥투표권의 구매자가 받는 환급금(발생 원인이 되는 행위의 적법 또는 불법 여부는 고려하지 아니한다) 5. 저작자 또는 실연자(實演者) · 음반제작자 · 방송사업자 외의 자가 저작권 또는 저작인접권의 양도 또는 사용의 대가로 받는 금품 6. 다음 각 목의 자산 또는 권리의 양도 · 대여 또는 사용의 대가로 받는 금품 가. 영화필름 나. 라디오 · 텔레비전방송용 테이프 또는 필름 다. 그 밖에 가목 및 나목과 유사한 것으로서 대통령령으로 정하는 것 7. 광업권 · 어업권 · 양식업권 · 산업재산권 · 산업정보, 산업상 비밀, 상표권 · 영업권(대통령령으로 정하는 점포 임차권을 포함한다), 토사석(土砂石)의 채취허가에 따른 권리, 지하수의 개발 · 이용권, 그 밖에 이와 유사한 자산이나 권리를 양도하거나 대여하고 그 대가로 받는 금품 8. 물품(유가증권을 포함한다) 또는 장소를 일시적으로 대여하고 사용료로서 받는 금품 8의2. 「전자상거래 등에서의 소비자보호에 관한 법률」에 따라 통신판매중개를 하는 자를 통하여 물품 또는 장소를 대여하고 대통령령으로 정하는 규모 이하의 사용료로서 받은 금품 9. 「공익사업을 위한 토지 등의 취득 및 보상에 관한 법률」 제4조에 따른 공익사업과 관련하여 지역권 · 지상권(지하 또는 공중에 설정된 권리를 포함한다)을 설정하거나 대여함으로써 발생하는 소득

종 류	개 념
	10. 계약의 위약 또는 해약으로 인하여 받는 소득으로서 다음 각 목의 어느 하나에 해당하는 것 가. 위약금 나. 배상금 다. 부당이득 반환 시 지급받는 이자 11. 유실물의 습득 또는 매장물의 발견으로 인하여 보상금을 받거나 새로 소유권을 취득하는 경우 그 보상금 또는 자산 12. 소유자가 없는 물건의 점유로 소유권을 취득하는 자산 13. 거주자·비거주자 또는 법인의 대통령령으로 정하는 특수관계인이 그 특수관계로 인하여 그 거주자·비거주자 또는 법인으로부터 받는 경제적 이익으로서 급여·배당 또는 증여로 보지 아니하는 금품 14. 슬롯머신(비디오게임을 포함한다) 및 투전기(投錢機), 그 밖에 이와 유사한 기구(이하 "슬롯머신등"이라 한다)를 이용하는 행위에 참가하여 받는 당첨금품·배당금품 또는 이에 준하는 금품(이하 "당첨금품등"이라 한다) 15. 문예·학술·미술·음악 또는 사진에 속하는 창작품(「신문 등의 진흥에 관한 법률」에 따른 신문 및 「잡지 등 정기간행물의 진흥에 관한 법률」에 따른 정기간행물에 게재하는 삽화 및 만화와 우리나라의 창작품 또는 고전을 외국어로 번역하거나 국역하는 것을 포함한다)에 대한 원작자로서 받는 소득으로서 다음 각 목의 어느 하나에 해당하는 것 가. 원고료 나. 저작권사용료인 인세(印稅) 다. 미술·음악 또는 사진에 속하는 창작품에 대하여 받는 대가 16. 재산권에 관한 알선 수수료 17. 사례금 18. 대통령령으로 정하는 소기업·소상공인 공제부금의 해지일시금 19. 다음 각 목의 어느 하나에 해당하는 인적용역(제15호부터 제17호까지의 규정을 적용받는 용역은 제외한다)을 일시적으로 제공하고 받는 대가 가. 고용관계 없이 다수인에게 강연을 하고 강연료 등 대가를 받는 용역 나. 라디오·텔레비전방송 등을 통하여 해설·계몽 또는 연기의 심사 등을 하고 보수 또는 이와 유사한 성질의 대가를 받는 용역 다. 변호사, 공인회계사, 세무사, 건축사, 측량사, 변리사, 그 밖에 전문적 지식 또는 특별한 기능을 가진 자가 그 지식 또는 기능을 활용하여 보수 또는 그 밖의 대가를 받고 제공하는 용역 라. 그 밖에 고용관계 없이 수당 또는 이와 유사한 성질의 대가를 받고 제공하는 용역 20. 「법인세법」 제67조에 따라 기타소득으로 처분된 소득 21. 제20조의3 제1항 제2호 나목 및 다목의 금액을 그 소득의 성격에도 불구하고 연금외수령한 소득 22. 퇴직 전에 부여받은 주식매수선택권을 퇴직 후에 행사하거나 고용관계 없이 주식매수선택권을 부여받아 이를 행사함으로써 얻는 이익 22의2. 종업원등 또는 대학의 교직원이 퇴직한 후에 지급받는 직무발명보상금

종 류	개 념
	23. 뇌물 24. 알선수재 및 배임수재에 의하여 받는 금품 25. 삭제 <2020. 12. 29.> 26. 종교관련종사자가 종교의식을 집행하는 등 종교관련종사자로서의 활동과 관련하여 대통령령으로 정하는 종교단체로부터 받은 소득(이하 "종교인소득"이라 한다)
퇴직소득	근로소득이 있는 자가 근로관계 또는 이와 유사한 관계를 종료함에 따라 그 사용자 등으로부터 받는 일시적 급여

2. 소득세 과세표준의 계산

(1) 소득별 과세표준의 계산방법

구 분	내 용
종합과세	이자소득, 배당소득, 사업소득, 근로소득, 연금소득, 기타소득
분류과세	① 퇴직소득*1 ② 양도소득*2

*1 퇴직소득에 대한 결집효과를 완화하기 위하여 종합소득으로부터 제외하고 있다.

*2 양도소득을 분류과세하는 이유

① 종합소득보다 중과세하기 위함

② 불로소득임

③ 부동산 투기 등과 같은 사회적으로 바람직하지 못한 행태로부터 얻어지는 소득임

④ 다른 소득에 비하여 대체로 담세력이 높음

(2) 종합소득금액의 계산

구 분	내 용
이자소득금액	총수입금액
배당소득금액	총수입금액(+ 귀속법인세액)
사업소득금액	총수입금액 − 필요경비
근로소득금액	총급여 − 근로소득공제
연금소득금액	총연금소득 − 연금소득공제
기타소득금액	총수입금액 − 실제필요경비(또는 의제필요경비)

■ 기타소득의 의제필요경비

<table>
<tr><th>구 분</th><th colspan="4">내 용</th></tr>
<tr><td>필요경비 60%가 적용되는 기타소득</td><td colspan="4">① 일시적 인적용역의 제공대가
② 공익사업과 관련하여 지역권·지상권(지하 또는 공중에 설정된 권리 포함)을 설정하거나 대여함으로써 발생하는 소득
③ 무형자산의 양도 및 대여소득 : 광업권·어업권·산업재산권 및 산업정보, 산업상 비밀, 상표권·영업권(점포임차권 포함), 토사석의 채취허가에 따른 권리, 지하수익개발·이용권 그 밖에 이와 유사한 자산이나 권리를 양도하거나 대여하고 그 대가로 받는 금품
④ 전자상거래 등에서 통신판매중개를 하는 자를 통하여 물품 또는 장소를 대여하고 사용료(연간 수입금액 500만원 이하)로서 받은 금품</td></tr>
<tr><td>필요경비 80%가 적용되는 기타소득</td><td colspan="4">① 공익법인의 설립·운영에 관한 법률의 적용을 받는 공익법인이 주무관청의 승인을 받아 시상하는 상금 및 부상과 다수가 순위 경쟁하는 대회에서 입상자가 받는 상금 및 부상
② 주택입주지체상금</td></tr>
<tr><td rowspan="4">서화·골동품 양도소득의 의제필요경비</td><td colspan="2">총수입금액</td><td colspan="2">의제필요경비</td></tr>
<tr><td colspan="2">1억원 이하</td><td colspan="2">총수입금액 × 90%</td></tr>
<tr><td rowspan="2">1억원 초과</td><td>보유기간 10년 미만</td><td colspan="2">9천만원 + (총수입금액 − 1억원) × 80%</td></tr>
<tr><td>보유기간 10년 이상</td><td colspan="2">9천만원 + (총수입금액 − 1억원) × 90%</td></tr>
</table>

(3) 과세표준의 계산

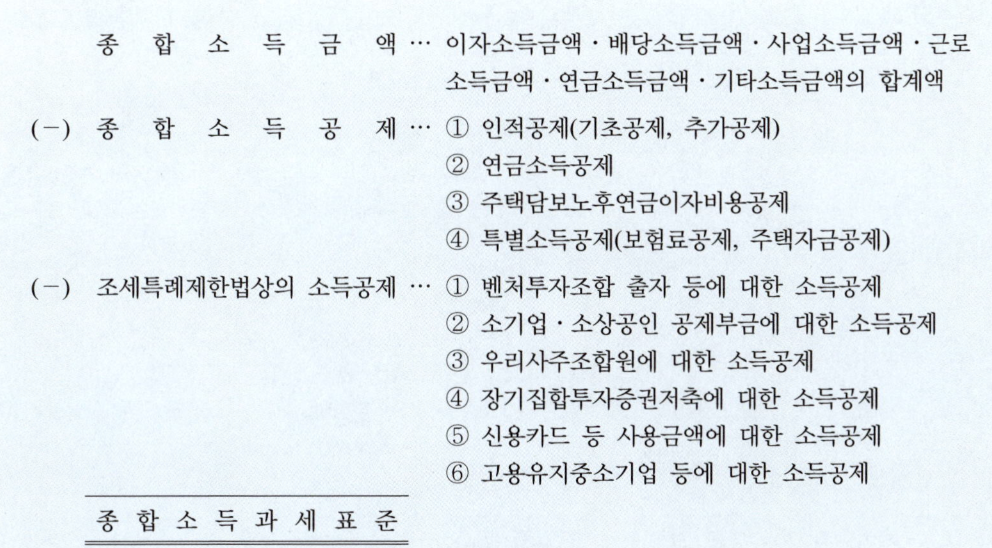

거주자의 양도소득에 대한 납세의무

1. 양도소득의 범위

구 분	내 용
양도소득의 개념	자산의 양도에 따라 실현된 소득
양도의 개념	① 등기 또는 등록과 관계없이 매도 · 교환 · 법인에 대한 현물출자 등으로 인하여 그 토지 등이 유상으로 사실상 이전되는 것 ② 부담부증여에 있어서 증여자의 채무를 수증자가 인수하는 경우에는 증여가액 중 그 채무액에 상당하는 부분은 그 자산이 유상으로 사실상 이전되는 것으로 본다. • 부담부증여 : 수증자가 증여를 받는 동시에 일정한 부담을 질 것을 조건으로 하는 증여
양도소득세 과세대상 자산	① 토지, 건물, 부동산에 관한 권리, 주식 등 ② 특정자산 ㉠ 특정주식 : 과점주주가 소유하는 부동산과다보유법인의 주식 등, 체육시설업 등을 영위하는 부동산과다보유법인의 주식 등 ㉡ 특정시설물의 이용권 ㉢ 영업권 ㉣ 이축권(개발제한구역 내의 주택 소유자가 인근 다른 개발제한구역 내에 건축 허가를 받아 주택을 옮겨 지을 수 있는 권리)

2. 양도소득과세표준의 계산

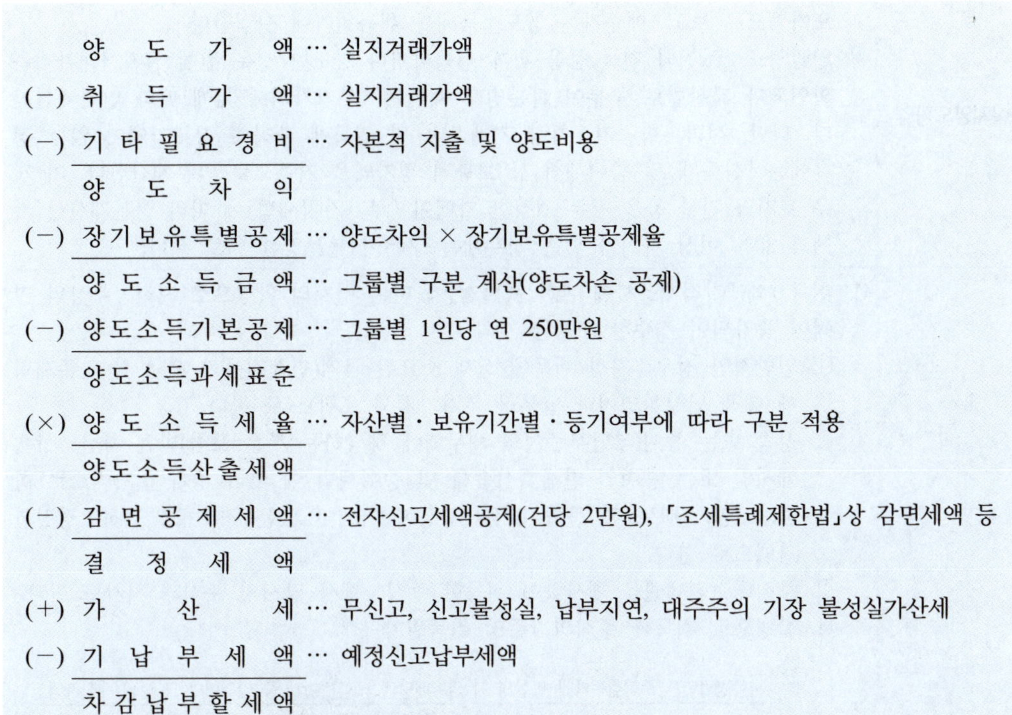

	양 도 가 액	… 실지거래가액
(−)	취 득 가 액	… 실지거래가액
(−)	기 타 필 요 경 비	… 자본적 지출 및 양도비용
	양 도 차 익	
(−)	장기보유특별공제	… 양도차익 × 장기보유특별공제율
	양 도 소 득 금 액	… 그룹별 구분 계산(양도차손 공제)
(−)	양도소득기본공제	… 그룹별 1인당 연 250만원
	양도소득과세표준	
(×)	양 도 소 득 세 율	… 자산별 · 보유기간별 · 등기여부에 따라 구분 적용
	양도소득산출세액	
(−)	감 면 공 제 세 액	… 전자신고세액공제(건당 2만원), 「조세특례제한법」상 감면세액 등
	결 정 세 액	
(+)	가 산 세	… 무신고, 신고불성실, 납부지연, 대주주의 기장 불성실가산세
(−)	기 납 부 세 액	… 예정신고납부세액
	차 감 납 부 할 세 액	

(1) 양도가액과 취득가액 및 기타필요경비

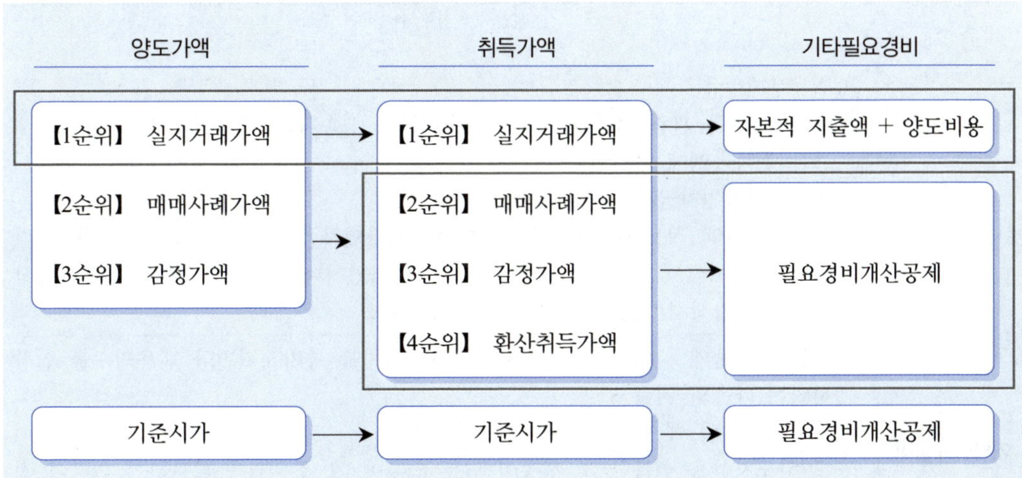

<table>
<tr><th>구 분</th><th>내 용</th></tr>
<tr><td>실지양도가액</td><td>① 매수자가 양도소득세를 부담한 경우 : 매도자는 양도소득세를 포함한 가액을 양도가액으로 보고, 매수자는 양도소득세를 취득원가에 산입한다.
② 일괄양도 : 토지와 건물 등을 함께 취득하거나 양도한 경우 전체 실지거래가액은 확인되나 자산별로 구분이 불분명할 때에는 「부가가치세법」에 따라 안분계산한다. 다만, 선박·항공기·차량 기계장비 및 입목에 대하여 장부가액이 없는 경우에는 「상속세 및 증여세법」상 보충적 평가액을 기준으로 안분계산한다. 이 경우 토지와 건물 등을 구분 기장한 가액이 「부가가치세법」에 따라 안분계산한 가액과 30% 이상 차이가 있는 경우에는 구분이 불분명한 때로 본다.</td></tr>
<tr><td>실지취득가액</td><td>(1) 취득가액(「지적재조사에 관한 특별법」에 따른 경계의 확정으로 지적공부상의 면적이 증가되어 징수한 조정금 제외)
① 일반적인 경우 : 자산 취득에 실제 소요된 금액(면세전용과 폐업 시 잔존재화에 대해 납부하였거나 납부할 부가가치세 포함)으로 한다.
② 상속 또는 증여(부담부증여의 채무액에 해당하는 부분 포함)받은 자산 : 상속개시일 또는 증여일 현재 「상속세 및 증여세법」에 따라 평가한 가액으로 한다. 다만, 세무서장 등이 결정·경정한 가액이 있는 경우 그 결정·경정한 가액으로 한다.
③ 주식매수선택권을 행사하여 취득한 주식 : 행사 당시의 주식의 시가로 한다.
④ 합병으로 취득한 주식의 1주당 취득원가
$$\frac{\text{피합병법인의 주식취득가액} + \text{합병 시 의제배당액} - \text{합병대가 중 금전이나 그 밖의 재산가액}}{\text{합병 시 교부받은 주식 수}}$$
⑤ 분할 또는 분할합병으로 인하여 취득하는 주식의 1주당 취득원가
$$\frac{\text{분할법인 등의 주식취득가액} + \text{분할 시 의제배당액} - \text{분할대가 중 금전이나 그 밖의 재산가액}}{\text{분할로 인하여 취득하는 주식 수}}$$
(2) 취득부대비용
취득세, 취득 관련 법무사비용과 중개수수료, 쟁송비용, 매수자 부담 양도소득세 등은 취득가액에 가산한다.
(3) 현재가치할인차금과 감가상각비
실제취득가액 적용 시 구분계상한 현재가치할인차금은 취득가액에 포함한다. 다만, 사업소득금액 계산 시 필요경비에 산입하였거나 산입할 현재가치할인차금상각비와 감가상각비는 취득가액에서 차감한다.</td></tr>
<tr><td>기타필요경비</td><td>(1) 자본적 지출액 : 자본적 지출액은 자산의 가치를 증가시키거나 내용연수를 연장시키는 다음의 지출
① 「소득세법」에 따른 자본적 지출액
② 양도자산을 취득한 후 쟁송이 있는 경우에 그 소유권을 확보하기 위하여 직접 소요된 소송비용·화해비용 등의 금액으로서 그 지출한 연도의 각 소득금액의 계산에 있어서 필요경비에 산입된 것을 제외한 금액</td></tr>
</table>

구 분	내 용
	③ 양도자산의 용도변경·개량 또는 이용편의를 위하여 지출한 비용(재해·노후화 등 부득이한 사유로 인하여 건물을 재건축한 경우 그 철거비용 포함) ④ 개발부담금 및 재건축부담금(납부의무자와 양도자가 서로 다른 경우에는 양도자에게 사실상 배분될 부담금상당액) (2) 양도비용 : 자산을 양도하기 위하여 직접 지출한 다음의 비용 ① 증권거래세, 양도소득세과세표준 신고서 작성비용 및 계약서 작성비용 ② 공증비용, 인지대 및 소개비 ③ 매매계약에 따른 인도의무를 이행하기 위해 양도자가 지출하는 명도비용 등 ④ 국민주택채권과 토지개발채권의 매각차손(금융회사 등에 양도함으로써 발생하는 매각차손을 한도로 함)
매매사례가액	양도일 또는 취득일 전후 각 3개월 이내에 해당 자산(상장주식 제외)과 동일성 또는 유사성이 있는 자산의 매매사례가 있는 경우 그 가액. 단, 특수관계인과의 거래에 따른 가액 등으로서 객관적으로 부당하다고 인정되는 경우는 제외
감정가액	① 원칙 : 양도일 또는 취득일 전후 각 3월 이내에 당해 자산(주식과 출자지분 제외)에 대하여 2 이상의 감정평가업자가 평가한 것으로서 신빙성이 있는 것으로 인정되는 감정가액(감정평가기준일이 양도 시 또는 취득일 전후 각 3월 이내인 것에 한한다)이 있는 경우에는 그 감정가액의 평균액 ② 예외 : 기준시가 10억원 이하인 자산은 하나의 감정평가업자가 평가한 것으로서 신빙성이 있는 것으로 인정되는 감정가액
환산취득가액	양도 당시 실지거래가액·매매사례가액·감정가액 × $\frac{\text{취득 당시의 기준시가}}{\text{양도 당시의 기준시가}}$
필요경비 개산공제	(아래 표 참조)

필요경비 개산공제:

구 분	필요경비개산공제액
토지·건물	취득당시 기준시가 × 3%(미등기자산 0.3%)
지상권, 전세권 및 등기된 부동산임차권	취득당시 기준시가 × 7%(미등기자산 1%)
위 이외의 자산	취득당시 기준시가 × 1%

☑ 기준시가

구 분		기준시가
토 지	일반지역	개별공시지가
	지정지역	개별공시지가 × 배율
건 물		국세청장 고시가격
주 택		고시된 개별주택가격 또는 공동주택가격
상장주식		양도일 또는 취득일 이전 1개월간의 종가평균액

구 분	기준시가
비상장주식	「상속세 및 증여세법」의 보충적 평가액. 다만, 순손익액은 직전 사업연도의 순손익액을, 순자산가액은 직전 사업연도 말 순자산가액을 사용한다(순자산가치의 80%를 한도로 한다).
신탁수익권	「상속세 및 증여세법」의 보충적 평가방법에 의한 평가액

환산취득가액 적용 시 특례

취득가액을 환산취득가액으로 하는 경우에는 환산취득가액과 필요경비개산공제액의 합계액이 실제 자본적 지출과 양도비용의 합계액보다 적은 경우에는 실제 자본적 지출과 양도비용의 합계액을 필요경비로 할 수 있다.

Max[환산취득가액 + 필요경비개산공제액, 자본적지출 + 양도비용]

주식매수선택권을 행사하여 취득한 주식

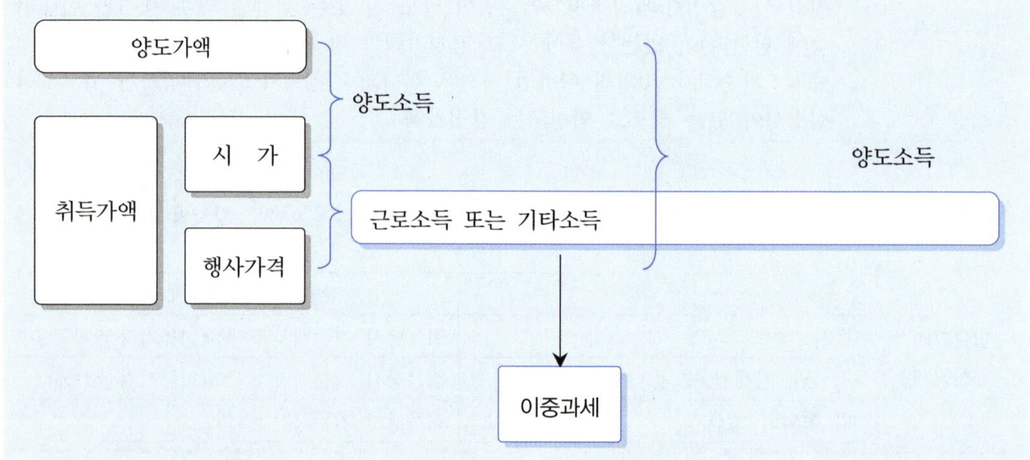

(2) 특수한 경우의 양도가액과 취득가액

구 분	내 용
부당행위계산의 부인	① 「소득세법」상 특수관계인과 거래 시 부당행위계산 부인규정이 적용되는 자산의 양도가액 또는 취득가액(거래차액이 시가의 5% 이상이거나 3억원 이상인 경우에 한함)은 시가로 한다. 다만, 개인과 법인 간에 재산을 양수 또는 양도하는 경우로서 그 대가가 「법인세법」에 의한 시가에 해당되어 「법인세법」에 의한 부당행위계산의 부인규정이 적용되지 않는 경우에는 양도소득에 대한 부당행위계산의 부인 규정을 적용하지 아니한다.

<table>
<tr><th>구 분</th><th>내 용</th></tr>
<tr><td></td><td>② 시가는 「상속세 및 증여세법」의 규정을 준용하여 평가한 가액으로 한다. 다만, 주권상장법인이 발행한 주식의 시가는 「법인세법」상 시가로 하며, 중요성기준을 적용하지 않는다.</td></tr>
<tr><td>이중과세조정</td><td>(1) 양도가액
① 「법인세법」상 특수관계법인(외국법인 포함)에게 자산을 고가양도한 경우

실지양도가액 = 양도가액 − 인정배당 · 상여 · 기타소득

② 특수관계법인 외의 자에게 자산을 고가양도한 경우로서 양도자의 증여재산가액이 있는 경우

실지양도가액 = 양도가액 − 증여재산가액

☑ 증여재산가액
<table>
<tr><th>양수인</th><th>증여재산가액</th></tr>
<tr><td>특수관계 있는 개인</td><td>시가와의 차액 − Min[시가 × 30%, 3억원]</td></tr>
<tr><td>특수관계 없는 개인</td><td rowspan="2">시가와의 차액 − 3억원
(시가와의 차액이 시가의 30% 이상인 경우에 한함)</td></tr>
<tr><td>특수관계 없는 법인</td></tr>
</table>
(2) 취득가액
① 「법인세법」상 특수관계법인(외국법인 포함)에게 자산을 저가취득한 경우

실지취득가액 = 취득가액 + 인정배당 · 상여 · 기타소득

② 상속세나 증여세가 과세된 경우

실지취득가액 = 취득가액 + 상속재산가액이나 증여재산가액(또는 증여의제이익)</td></tr>
</table>

(3) 장기보유특별공제

구 분	내 용
공제대상	① 보유기간이 3년 이상인 토지 또는 건물(건물에 부속된 시설물과 구축물 포함)의 양도차익 ② 조합원입주권(조합원으로부터 취득한 것은 제외)의 양도차익(「도시 및 주거환경정비법」에 따른 관리처분계획 인가 및 「빈집 및 소규모주택 정비에 관한 특례법」에 따른 사업시행계획인가 전 토지분 또는 건물분의 양도차익으로 한정)
적용제외	① 미등기양도자산 ② 조정대상지역에 있는 주택으로서 1세대 2주택에 해당하는 주택 ③ 조정대상지역에 있는 주택으로서 1세대가 1주택과 조합원입주권 또는 분양권을 1개 보유한 경우의 해당 주택. 다만, 장기임대주택 등은 제외한다.

<table>
<tr><th>구 분</th><th>내 용</th></tr>
<tr><td></td><td>④ 조정대상지역에 있는 주택으로서 1세대 3주택 이상에 해당하는 주택
⑤ 조정대상지역에 있는 주택으로서 1세대가 주택과 조합원입주권 또는 분양권을 보유한 경우로서 그 수의 합이 3 이상인 경우 해당 주택. 다만, 장기임대주택 등은 제외한다.</td></tr>
<tr><td>공제액</td><td>장기보유특별공제액 = 양도차익 × (보유기간별 공제율 + 거주기간별 공제율)
<table>
<tr><th colspan="3">1세대 1주택 외</th><th colspan="4">1세대 1주택</th></tr>
<tr><th colspan="2">보유기간</th><th>보유기간별 공제율</th><th colspan="2">보유기간 또는 거주기간</th><th>보유기간별 공제율</th><th>거주기간별 공제율</th></tr>
<tr><td>2년 이상</td><td>3년 미만</td><td>0%</td><td>2년 이상</td><td>3년 미만</td><td></td><td>8%</td></tr>
<tr><td>3년 이상</td><td>4년 미만</td><td>6%</td><td>3년 이상</td><td>4년 미만</td><td>12%</td><td>12%</td></tr>
<tr><td>4년 이상</td><td>5년 미만</td><td>8%</td><td>4년 이상</td><td>5년 미만</td><td>16%</td><td>16%</td></tr>
<tr><td>5년 이상</td><td>6년 미만</td><td>10%</td><td>5년 이상</td><td>6년 미만</td><td>20%</td><td>20%</td></tr>
<tr><td>6년 이상</td><td>7년 미만</td><td>12%</td><td>6년 이상</td><td>7년 미만</td><td>24%</td><td>24%</td></tr>
<tr><td>7년 이상</td><td>8년 미만</td><td>14%</td><td>7년 이상</td><td>8년 미만</td><td>28%</td><td>28%</td></tr>
<tr><td>8년 이상</td><td>9년 미만</td><td>16%</td><td>8년 이상</td><td>9년 미만</td><td>32%</td><td>32%</td></tr>
<tr><td>9년 이상</td><td>10년 미만</td><td>18%</td><td>9년 이상</td><td>10년 미만</td><td>36%</td><td>36%</td></tr>
<tr><td>10년 이상</td><td>11년 미만</td><td>20%</td><td>10년 이상</td><td></td><td>40%</td><td>40%</td></tr>
<tr><td>11년 이상</td><td>12년 미만</td><td>22%</td><td colspan="4" rowspan="5"></td></tr>
<tr><td>12년 이상</td><td>13년 미만</td><td>24%</td></tr>
<tr><td>13년 이상</td><td>14년 미만</td><td>26%</td></tr>
<tr><td>14년 이상</td><td>15년 미만</td><td>28%</td></tr>
<tr><td>15년 이상</td><td></td><td>30%</td></tr>
</table>
</td></tr>
</table>

(4) 양도소득 기본공제

구 분	내 용
의 의	양도소득이 있는 거주자에 대해서는 그룹별로 해당 과세기간의 양도소득금액에서 각각 연 250만원을 공제한다. 다만, 미등기양도자산의 양도소득금액에 대해서는 양도소득기본공제를 적용하지 않는다.
공제방법	양도소득금액에 감면소득금액이 있는 경우에는 그 감면소득금액 외의 양도소득금액에서 먼저 공제하고, 감면소득금액 외의 양도소득금액 중에서는 해당 과세기간에 먼저 양도한 자산의 양도소득금액에서부터 순서대로 공제한다.

(5) 양도소득세 세율

구 분	대상자산		세 율
토지·건물·부동산에 관한 권리	미등기자산		70%
	1년 미만 보유[*1]	주택, 조합원입주권, 분양권	40% (2021. 6. 1. 이후 양도분 70%)
		그 밖의 자산	50%
	1년 이상 2년 미만 보유[*1]	주택, 조합원입주권, 분양권	기본세율 (2021. 6. 1. 이후 양도분 60%)
		그 밖의 자산	40%
	2년 이상 보유[*1]	분양권	60%
		비사업용 토지	기본세율 + 10%
		그 밖의 자산	기본세율
기타자산	특정주식A, B		기본세율 + 10%
	위 외의 기타자산 (등기 여부 및 보유기간 불문)		기본세율
일반주식	대주주	1년 미만 보유 주식으로서 중소기업[*2] 외 법인의 주식	30%
		그 밖의 주식	20%(3억원 초과분 25%)
	대주주가 아닌 자 및 해외주식	중소기업[*2]의 주식[*3]	10%
		그 밖의 주식	20%
파생상품	국내 · 국외 파생상품 등의 거래 또는 행위로 발생하는 소득		10%
신탁 수익권	신탁 수익권의 양도로 발생하는 소득		20%(3억원 초과분 25%)

*1 보유기간은 해당 자산의 취득일부터 양도일까지의 기간으로 한다. 다만, 다음의 경우에는 각각 그 정한 날을 그 자산의 취득일로 본다.

① 상속받은 자산 : 피상속인이 그 자산을 취득한 날

② 이월과세가 적용되는 자산 : 증여자가 그 자산을 취득한 날

③ 법인의 합병 · 분할(물적분할 제외)로 인하여 합병법인, 분할신설법인 또는 분할 · 합병의 상대방 법인으로부터 새로 주식 등을 취득한 경우 : 피합병법인, 분할법인 또는 소멸한 분할 · 합병의 상대방 법인의 주식 등을 취득한 날

*2 중소기업은 「중소기업기본법」에 의한 중소기업에 해당하는 기업을 말한다. 중소기업에 해당하는지 여부에 대한 판정은 주식 등의 양도일이 속하는 사업연도의 직전 사업연도 종료일 현재를 기준으로 한다. 다만, 주식 등의 양도일이 속하는 사업연도에 새로 설립된 법인의 경우에는 주식 등의 양도일 현재를 기준으로 한다.

*3 해외주식의 경우에는 우리나라 중소기업의 주식으로서 외국증권시장에 상장된 것을 말한다.

PART 08

부가가치세법

Ⅰ. 부가가치세의 기초이론

Ⅱ. 부가가치세법 총칙

PART 08

부가가치세법

I 부가가치세의 기초이론

1. 부가가치세의 유형

• 부가가치 : 생산 · 건설 · 도매 · 소매 · 용역 등의 사업을 영위하는 사업자들에 의하여 이루어진 경제적 가치의 증가분

(1) 총생산형(GNP형) 부가가치세

구 분	내 용
부가가치	국민총생산(GNP)으로 파악
부가가치의 계산	부가가치 = 일정기간동안 생산된 모든 최종생산물의 가치 = 총 매출액 − 중간재구입액 = 총 소비액 + 총 투자액 = 임금 + 지대 + 이자 + 이윤 + 감가상각비
특 징	① 자본재의 감가상각비를 공제하지 않는다. 즉, 자본재에 대하여도 과세하므로 과세범위가 가장 넓다. ② 자본재의 가격이 그 자본재를 사용하여 생산된 소비재의 가격에 포함되므로 자본재에 대한 부가가치세가 중복과세 된다.

(2) 순생산형(소득형) 부가가치세

구 분	내 용
부가가치	국민순생산(NNP)으로 파악
부가가치의 계산	부가가치 = 총 매출액 − 중간재구입액 − 감가상각비 = 총 소비액 + 순투자액 └ 최종생산물의 매출액에 이미 반영되어 있음 = 임금 + 지대 + 이자 + 이윤
특 징	① 부가가치에서 감가상각비를 공제하므로 총생산형에서 나타나는 자본재에 대한 누적과세의 문제를 해결한다. ② 자본재에 투자한 금액이 즉시 공제되지 않고 상당한 기간 동안 감가상각의 과정을 통하여 회수되므로 투자를 회피하게 한다. ③ 자본재와 비자본재의 구분 및 자본재에 대한 합리적 계산이 곤란하다.

(3) 소비형 부가가치세

구 분	내 용
부가가치	일정기간 동안 생산된 모든 최종생산물의 가치에서 자본재구입액을 공제한 것으로 파악
부가가치의 계산	부가가치 = 총수입금액 − 중간재구입액 − 자본재구입액 = 총소비액 = 임금 + 지대 + 이자 + 이윤 − 순투자액
특 징	① 자본재투입액을 즉시 공제함으로써 자본재의 구입에 따른 부담을 즉시 회수할 수 있기 때문에 투자를 촉진한다. ② 감가상각비를 계산할 필요가 없다. ③ 자본재와 중간재를 구별하지 않아도 되므로 부가가치세의 계산이 용이하다. ④ 우리나라는 소비형 부가가치세를 채택하고 있다.

정리 부가가치세의 유형

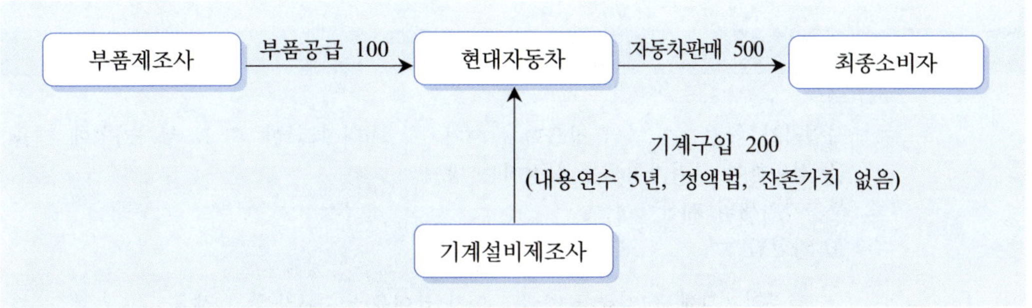

구 분	총생산형(GNP형)	순생산형(소득형)	소비형
부품(중간재)	_*1	_*1	_*1
자동차(최종생산물)	200	200	200
기계(자본재)	200	160*2	–
부가가치	400	360	200

(총생산형과 순생산형의 차이: 감가상각비 40, 총생산형과 소비형의 차이: 자본재구입액 200)

*1 최종생산물의 매출액에 포함되어 있으며 최종생산물이 아님

*2 200 − (200 − 0) ÷ 5
↳ 최종생산물의 매출액에 이미 반영되어 있음

2. 부가가치세의 성격

구 분	내 용	비 고
일반소비세	부가가치세는 원칙적으로 모든 재화나 용역의 소비행위에 대하여 과세한다.	개별소비세, 주세 (특정 재화·용역에 대하여 과세)
간접세	납세의무자와 담세자가 다른 조세이다. ① 납세의무자 : 재화나 용역을 공급하는 사업자 ② 담세자 : 최종소비자	세금의 전가가 예정된 조세 (거래징수)
다단계 과세방식	각 거래단계에서 창출한 부가가치에 대하여 과세한다.	

3. 부가가치세의 과세방법

구 분	내 용
직접법	(1) 의의 사업자가 일정기간 동안 창출한 부가가치를 먼저 계산한 후 그 부가가치에 세율을 적용하여 부가가치세를 산정하는 방법 (2) 부가가치세의 계산 ① 가산법 부가가치세 = (임금 + 지대 + 이자 + 이윤 − 순투자액) × 세율 = {임금 + 지대 + 이자 + 이윤 − (자본재구입액 − 감가상각비)} × 세율 ② 전단계거래액공제법 부가가치세 = (매출액 − 매입액) × 세율 (3) 특징 ① 부가가치를 직접 계산하므로 부가가치세의 과세대상이 부가가치라는 것을 납세의무자가 명확히 인식할 수 있다. ② 부가가치세의 이론에 충실한 방법이다. ③ 일정기간을 단위로 부가가치를 계산하여 과세하기 때문에 개개의 재화나 용역의 부가가치 및 그에 부담된 부가가치세를 정확하게 파악할 수 없다.
간접법	(1) 의의 각 거래단계의 부가가치세를 먼저 계산하여 과세함으로써 그것이 간접적으로 그 단계에서 창출된 부가가치에 과세된 결과가 되도록 하는 방법 (2) 부가가치세의 계산(전단계세액공제법) 각 거래단계의 사업자가 재화 등을 공급할 때 거래징수*1한 매출세액에서 재화 등을 매입할 때 거래징수당한 매입세액*2을 차감하여 계산한다. 부가가치세 = 매출세액 − 매입세액 = 매출액 × 세율 − 매입액 × 세율 = 각 거래단계의 사업자가 창출한 부가가치 (3) 특징 ① 거래가 있을 때마다 부가가치세가 계산되고 전가되기 때문에 개개의 재화나 용역에 부담된 부가가치세 및 부가가치가 정확하게 파악된다. ② 개개의 재화나 용역에 부담된 부가가치세의 전가가 명확하게 인식된다. ③ 품목별로 면세나 차등세율을 설정하는데 편리하다. ④ 재화의 수출 등에 대해 부가가치세를 정확히 환급할 수 있고 재화의 수입에 대해 용이하게 과세할 수 있어서 국경세 조정에 편리하다.

*1 사업자가 재화나 용역을 공급할 때 공급가액(매출액)에 세율을 곱하여 계산한 금액(매출세액)을 공급받는 자로부터 징수하는 것을 말한다.

*2 실제의 입법례에서는 매입세액을 매입액에 세율을 곱하여 계산하는 것이 아니라 매입할 때 발급받은 세금계산서에 의해 거래징수되었음이 확인되는 금액을 매입세액으로 공제하여 납부세액을 계산한다. 때문에 발급받은 세금계산서는 매입세액공제를 받기 위한 필수적 자료가 된다.

정리 전단계세액공제법

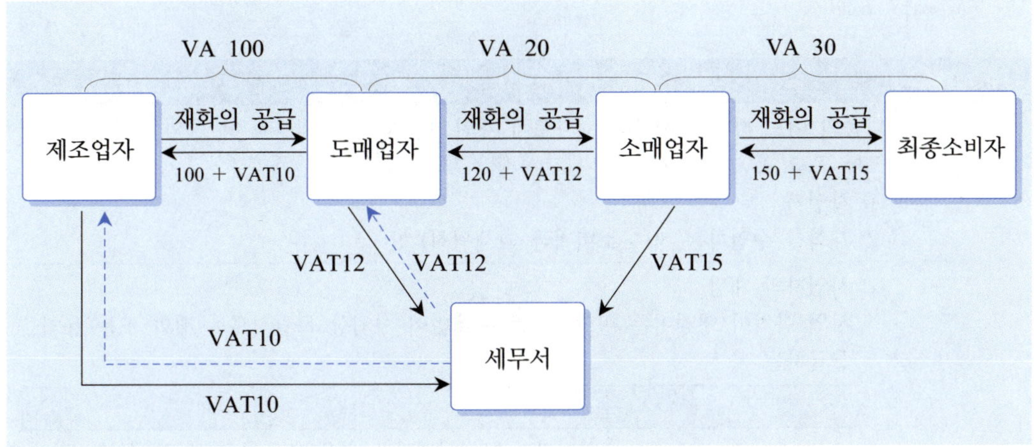

4. 국경세 조정

구 분	생산지국(원산지국) 과세원칙	소비지국(행선지국) 과세원칙
의 의	국제거래되는 상품에 대하여 원산지국에서 과세권을 행사하는 방법	국제거래되는 상품에 대하여 소비지국에서 과세권을 행사하는 방법
조정방법	① 수출하는 경우 원산지국에서 과세된 간접세를 공제·환급하지 않음 ② 수입하는 경우 간접세를 부과하지 않음	① 생산지국에서 수출할 때 간접세를 전액 공제·환급함 ② 수입할 때 자국에서 생산된 물품과 동일한 간접세를 부과함
비 고	국경세를 조정하지 않음	우리나라 채택 방식

부가가치세법 총칙

1. 납세의무자

<table>
<tr><th>구 분</th><th>내 용</th></tr>
<tr><td>납세의무자</td><td>다음의 어느 하나에 해당하는 자로서 개인, 법인(국가 · 지방자치단체와 지방자치단체 조합 포함*1), 법인격이 없는 사단 · 재단 또는 그 밖의 단체
① 사업자
② 재화를 수입하는 자(∵소비지국 과세원칙)*2</td></tr>
<tr><td>사업자</td><td>(1) 사업자의 개념
사업 목적이 영리이든 비영리이든 관계없이 사업상 독립적으로 재화 또는 용역을 공급하는 자*3
<table>
<tr><th>구 분</th><th>내 용</th></tr>
<tr><td>영리목적여부 불문</td><td>부가가치세는 사업자가 얻은 소득에 대해 과세하는 것이 아니라 그가 창출한 부가가치에 대하여 과세하는 조세임</td></tr>
<tr><td>독립성*4</td><td>① 인적독립성 : 자기계산 또는 자기책임 하에 재화 또는 용역 공급
② 물적독립성 : 하나의 사업에 부수되거나 단순히 그 사업의 연장에 불과한 행위는 독립한 사업으로 보지 않음</td></tr>
<tr><td>재화 또는 용역의 공급</td><td>부가가치세의 과세대상은 재화 또는 용역의 공급임</td></tr>
<tr><td>계속 · 반복성</td><td>재화 또는 용역의 공급행위가 계속 · 반복적이어야 함*5</td></tr>
</table>
(2) 사업자의 분류
<table>
<tr><th>사업자</th><th>납세의무자</th><th>적용세율</th><th>비 고</th></tr>
<tr><td>일반과세자</td><td>○</td><td>10%, 0%</td><td></td></tr>
<tr><td>간이과세자</td><td>○</td><td>10%</td><td>업종별
부가가치율</td></tr>
<tr><td>면세사업자</td><td>×</td><td>–</td><td></td></tr>
</table>
</td></tr>
</table>

*1 부가가치세는 결국 최종소비자에게 전가될 것을 예정하는 간접세이다. 공급자가 국가 등이라는 이유로 부가가치세의 부담 여부가 달라져서는 안된다.

*2 재화를 수입하는 자는 사업자 해당 여부 또는 사용목적 등에 관계없이 부가가치세를 납부할 의무가 있다(부기통 3－0－1 ③).

*3 과세의 대상이 되는 행위 또는 거래의 귀속이 명의일 뿐이고 사실상 귀속되는 자가 따로 있는 경우에는 사실상 귀속되는 자에 대하여 부가가치세법을 적용한다(부기통 3－0－2).

*4 농어가부업의 독립성

구 분	소득세	독립된 사업 여부
축 산	비과세	독립된 사업이 아님
고공품제조, 양어	연 3천만원 이하 비과세	독립된 사업이 아님
민박, 음식물 판매, 특산물 제조, 전통차 제조 및 그 밖에 이와 유사한 활동	연 3천만원 이하 비과세	독립된 사업임*

* 현재 농업 및 어업은 면세사업으로 규정되어 있다. 따라서 농어가부업도 면세사업에 해당된다. 다만, 민박, 음식물 판매, 특산물 제조, 전통차 제조 및 그 밖에 이와 유사한 활동에서 면세대상이 아닌 재화 또는 용역을 공급하는 경우에는 해당 사업을 독립된 사업으로 보므로 부가가치세를 과세한다.

*5 부가가치를 창출해 낼 수 있는 정도의 사업형태를 갖추고 계속적 · 반복적으로 재화 또는 용역을 공급하는 자는 사업자로 본다(부기통 3－0－1 ①).

☑ 부동산매매업의 판정기준(부가칙 제2조 제2항)

부동산매매업이란 다음의 어느 하나에 해당하는 사업을 말한다.

① 부동산 매매(주거용 또는 비거주용 건축물 및 그 밖의 건축물을 자영건설하여 분양 · 판매하는 경우를 포함한다) 또는 그 중개를 사업목적으로 나타내어 부동산을 판매하는 사업

② 사업상 목적으로 1과세기간 중에 1회 이상 부동산을 취득하고 2회 이상 판매하는 사업

> 부동산의 양도행위가 '부동산매매업'의 일환으로 이루어져 부가가치세의 과세대상이 되는지 여부 또는 그로 인한 소득이 사업소득에 해당하는지 여부는 양도인의 부동산 취득 및 보유현황, 조성의 유무, 양도의 규모, 횟수, 태양, 상대방 등에 비추어 그 양도가 사업활동으로 볼 수 있을 정도의 계속성과 반복성이 있는지 등을 고려하여 사회통념에 따라 판단하여야 하고, 그 판단을 할 때에는 단지 당해 양도 부동산에 대한 것뿐만 아니라, 양도인이 보유하는 부동산 전반에 걸쳐 당해 양도가 이루어진 시기의 전후를 통한 모든 사정을 참작하여야 한다. 그리고 구 부가가치세법 시행규칙(2008. 4. 22. 기획재정부령 제12호로 개정되기 전의 것) 제1조 제2항은 부동산매매업으로 볼 수 있는 경우를 예시적으로 규정한 것에 불과하여 그 부동산 거래가 전체적으로 사업목적하에 계속성과 반복성을 가지고 이루어진 이상 위 규정상의 판매횟수에 미달하는 거래가 발생하였다고 하더라도 그 과세기간 중에 있은 거래의 사업성이 부정되는 것이 아니다(대법원 2013. 2. 28. 선고 2010두29192 판결).

심화학습 위탁매매 또는 대리인에 의한 매매

- 위탁매매 : 자기(수탁자)의 명의로 위탁자의 계산에 따라 물품을 판매하고 보수를 받는 형태의 매매 방식
- 대리인에 의한 매매 : 사용인이 아닌 자가 본인을 위하여 상시 그 사업에 속하는 매매의 대리(또는 중개)를 하고 보수는 받는 형태의 매매 방식

구 분	내 용
원 칙	위탁매매 또는 대리인에 의한 매매를 할 때에는 위탁자 또는 본인이 직접 재화를 공급하거나 공급받은 것으로 본다.

구 분	내 용
예 외	위탁매매 또는 대리인에 의한 매매를 하는 해당 거래 또는 재화의 특성상 또는 보관·관리상 위탁자 또는 본인을 알 수 없는 경우에는 수탁자 또는 대리인에게 재화를 공급하거나 수탁자 또는 대리인으로부터 재화를 공급받은 것으로 본다.

2. 신탁 관련 재화·용역의 공급시 부가가치세 납세의무자

구 분	내 용
신탁의 정의	신탁을 설정하는 자(위탁자)와 신탁을 인수하는 자(수탁자) 간의 신임관계에 기하여 위탁자가 수탁자에게 특정의 재산(영업이나 저작재산권의 일부 포함)을 이전하거나 담보권의 설정 또는 그 밖의 처분을 하고 수탁자로 하여금 일정한 자(수익자)의 이익 또는 특정의 목적을 위하여 그 재산의 관리, 처분, 운용, 개발, 그 밖에 신탁 목적의 달성을 위하여 필요한 행위를 하게 하는 법률관계를 말한다.
납세의무자	(1) 원칙 ① 「신탁법」 또는 다른 법률에 따른 신탁재산(해당 신탁재산의 관리, 처분 또는 운용 등을 통하여 발생한 소득 및 재산 포함)과 관련된 재화 또는 용역을 공급하는 때에는 「신탁법」에 따른 수탁자가 신탁재산별로 각각 별도의 납세의무자로서 부가가치세를 납부할 의무가 있다. ☑「신탁법」 제31조(수탁자의 권한) [신탁법상 수탁자는 신탁재산에 대한 권리와 의무의 귀속주체로서 신탁재산의 관리, 처분 등을 하고 신탁 목적의 달성을 위하여 필요한 모든 행위를 할 권한이 있다] ② 수탁자가 납세의무자가 되는 신탁재산에 공동수탁자가 있는 경우 공동수탁자는 부가가치세를 연대하여 납부할 의무가 있다. 이 경우 공동수탁자 중 신탁사무를 주로 처리하는 수탁자(대표수탁자)가 부가가치세를 신고·납부하여야 한다. ☑「신탁법」 제31조(공동수탁자의 연대책임) 제1항 [수탁자가 여럿인 경우 수탁자들은 신탁사무의 처리에 관하여 제3자에게 부담한 채무에 대하여 연대하여 변제할 책임이 있다.] (2) 예외 다음의 어느 하나에 해당하는 경우에는 「신탁법」에 따른 위탁자가 부가가치세를 납부할 의무가 있다. ① 신탁재산과 관련된 재화 또는 용역을 위탁자 명의로 공급하는 경우 ☑ 부동산관리신탁[수탁자가 위탁자를 대신하여 부동산에 대한 관리(임대차, 유지보수 등)를 수행하는 신탁]의 경우 부가가치세 납세의무자의 판단 구 분 / 납세의무자 수탁자 명의로 임대 등을 공급하는 경우 / 수탁자 위탁자 명의로 임대 등을 공급하는 경우 / 위탁자

<table>
<tr><th>구 분</th><th>내 용</th></tr>
<tr><td></td><td>② 위탁자가 신탁재산을 실질적으로 지배·통제하는 경우로서 다음의 어느 하나에 해당하는 경우
㉠ 수탁자가 위탁자로부터 부동산 및 지상권, 전세권, 부동산임차권, 부동산소유권 이전등기청구권, 그 밖의 부동산 관련 권리를 수탁받아 부동산개발사업을 목적으로 하는 신탁계약을 체결한 경우로서 그 신탁계약에 따른 부동산개발사업비의 조달의무를 수탁자가 부담하지 않는 경우. 다만, 수탁자가 재개발사업·재건축사업 또는 가로주택정비사업·소규모재건축사업의 사업시행자인 경우는 제외한다.
<table><tr><th>부동산개발사업비의 조달의무</th><th>신탁의 유형</th><th>부가가치세 납세의무자</th></tr><tr><td>수탁자가 부담</td><td>차입형 토지신탁*1</td><td>수탁자</td></tr><tr><td>위탁자가 부담</td><td>관리형 토지신탁*2</td><td>위탁자</td></tr></table>
*1 건축자금이나 전문지식이 없는 부동산 소유자가 소유권을 신탁회사에 이전하고 신탁회사가 부동산을 개발·관리하는 신탁
*2 부동산 소유자가 신탁회사에 토지를 신탁하고, 신탁회사는 법률적인 사업주체로서 인허가·분양계약 및 자금입출금 등의 관리 업무만을 수행하는 신탁
㉡ 수탁자가 재개발사업·재건축사업 또는 가로주택정비사업·소규모재건축사업의 사업대행자인 경우
㉢ 수탁자가 위탁자의 지시로 위탁자와 특수관계에 있는 자에게 신탁재산과 관련된 재화 또는 용역을 공급하는 경우</td></tr>
<tr><td>사업자등록</td><td>① 수탁자가 납세의무자가 되는 경우 수탁자(공동수탁자가 있는 경우 대표수탁자)는 해당 신탁재산을 사업장으로 보아 사업자등록을 신청하여야 한다. 이 경우 해당 신탁재산의 등기부상 소재지, 등록부상 등록지 또는 신탁사업에 관한 업무를 총괄하는 장소를 사업장으로 한다.
② 수탁자가 다음의 요건을 모두 갖춘 경우에는 둘 이상의 신탁재산을 하나의 사업장으로 보아 신탁사업에 관한 업무를 총괄하는 장소를 관할하는 세무서장에게 사업자등록을 신청할 수 있다. <신설 2022. 2. 15.>
㉠ 수탁자가 하나 또는 둘 이상의 위탁자와 둘 이상의 신탁계약을 체결하였을 것
㉡ 신탁계약이 수탁자가 위탁자로부터 부동산(또는 지상권·전세권·부동산임차권·부동산소유권 이전등기청구권·그 밖의 부동산 관련 권리)을 위탁자의 채무이행을 담보하기 위해 수탁으로 운용하는 내용으로 체결되는 신탁계약(부동산 담보신탁계약)일 것</td></tr>
<tr><td>강제징수</td><td>수탁자가 납부하여야 하는 부가가치세가 체납된 경우에는 해당 신탁재산에 대해서만 강제징수를 할 수 있다.</td></tr>
</table>

3. 신탁 관련 보충적 납세의무

(1) 제2차 납세의무

구 분	내 용
성립요건	① 수탁자가 납부하여야 하는 다음의 어느 하나에 해당하는 부가가치세 또는 강제징수비일 것*1 ㉠ 신탁 설정일*2 이후에 「국세기본법」에 따른 법정기일이 도래하는 부가가치세로서 해당 신탁재산과 관련하여 발생한 것 ㉡ ㉠의 금액에 대한 강제징수 과정에서 발생한 강제징수비 ② 수탁자가 납부하여야 하는 부가가치세 또는 강제징수비를 신탁재산으로 충당하여도 부족한 경우일 것
제2차 납세의무자	신탁의 수익자(「신탁법」에 따라 신탁이 종료되어 신탁재산이 귀속되는 자 포함)는 지급받은 수익과 귀속된 재산의 가액*3을 합한 금액을 한도로 하여 그 부족한 금액에 대하여 납부할 의무를 진다.
납부고지서의 발급	수탁자의 관할 세무서장은 제2차 납세의무자로부터 수탁자의 부가가치세 또는 강제징수비를 징수하려면 납부고지서를 제2차 납세의무자에게 발급하여야 한다. 이 경우 수탁자의 관할 세무서장은 제2차 납세의무자의 관할 세무서장과 수탁자에게 그 사실을 통지하여야 한다.

*1 「국세징수법」 중 강제징수에 관한 규정에 따른 재산의 압류, 보관, 운반과 매각에 든 비용(매각을 대행시키는 경우 그 수수료 포함)을 말한다.

*2 「신탁법」에 따라 해당 재산이 신탁재산에 속한 것임을 제3자에게 대항할 수 있게 된 날로 한다. 다만, 다른 법률에서 제3자에게 대항할 수 있게 된 날을 「신탁법」과 달리 정하고 있는 경우에는 그 날로 한다.

구 분	제3자에 대한 대항	비 고
등기·등록 가능 재산권	신탁의 등기·등록을 함으로써 그 재산이 신탁재산에 속한 것임을 제3자에게 대항할 수 있다.	「신탁법」 제4조 (신탁의 공시와 대항)
등기·등록 불가능 재산권	다른 재산과 분별하여 관리하는 등의 방법으로 신탁재산임을 표시함으로써 그 재산이 신탁재산에 속한 것임을 제3자에게 대항할 수 있다.	

*3 신탁재산이 해당 수익자에게 이전된 날 현재의 시가로 한다.

(2) 물적납세의무

구 분	내 용
취 지	위탁자가 신탁재산의 공급에 대한 부가가치세를 체납한 경우에는 「신탁법」 제22조(강제집행 등의 금지)에 따라 수탁자의 소유로 되어 있는 신탁재산에 대해서는 압류 등의 강제징수를 행할 수 없다. 만약 이를 방치하면 신탁재산의 공급에 대한 부가가치세 징수권을 확보하지 못하는 결과가 되므로 수탁자에 대한 물적납세의무를 규정한 것이다.
성립요건	① 다음 중 어느 하나에 해당하여 위탁자에게 부가가치세 납부의무가 있을 것 ㉠ 신탁재산과 관련된 재화 또는 용역을 위탁자 명의로 공급하는 경우 ㉡ 수탁자가 재개발사업ㆍ재건축사업 또는 가로주택정비사업ㆍ소규모재건축사업의 사업대행자인 경우 ② 위탁자가 다음의 어느 하나에 해당하는 부가가치세 또는 강제징수비를 체납한 경우일 것 ㉠ 신탁 설정일*1 이후에 「국세기본법」에 따른 법정기일이 도래하는 부가가치세로서 해당 신탁재산과 관련하여 발생한 것 ㉡ ㉠의 금액에 대한 강제징수 과정에서 발생한 강제징수비*2 ③ 위탁자의 다른 재산에 대하여 강제징수를 하여도 징수할 금액에 미치지 못할 것
물적납세의무자	해당 신탁재산의 수탁자
납부고지서의 발급	① 부가가치세를 납부하여야 하는 위탁자의 관할 세무서장은 수탁자로부터 위탁자의 부가가치세 또는 강제징수비를 징수하려면 납부고지서를 수탁자에게 발급하여야 한다. 이 경우 수탁자의 관할 세무서장과 위탁자에게 그 사실을 통지하여야 한다. ② 고지가 있은 후 납세의무자인 위탁자가 신탁의 이익을 받을 권리를 포기 또는 이전하거나 신탁재산을 양도하는 등의 경우에도 고지된 부분에 대한 납세의무에는 영향을 미치지 아니한다.
물적납세의무의 승계	① 신탁재산의 수탁자가 변경되는 경우에 새로운 수탁자는 이전의 수탁자에게 고지된 납세의무를 승계한다. ② 위탁자의 관할 세무서장은 최초의 수탁자에 대한 신탁 설정일을 기준으로 그 신탁재산에 대한 현재 수탁자에게 위탁자의 부가가치세 또는 강제징수비를 징수할 수 있다.
수탁자의 우선변제권	신탁재산에 대하여 「국세징수법」에 따라 강제징수를 하는 경우 수탁자는 신탁재산의 보존 및 개량을 위하여 지출한 필요비 또는 유익비의 우선변제를 받을 권리가 있다.

*1 「신탁법」에 따라 해당 재산이 신탁재산에 속한 것임을 제3자에게 대항할 수 있게 된 날로 한다. 다만, 다른 법률에서 제3자에게 대항할 수 있게 된 날을 「신탁법」과 달리 정하고 있는 경우에는 그 날로 한다.

*2 「국세징수법」 중 강제징수에 관한 규정에 따른 재산의 압류, 보관, 운반과 매각에 든 비용(매각을 대행시키는 경우 그 수수료 포함)을 말한다.

4. 과세기간

구 분	과세기간
간이과세자	1월 1일부터 12월 31일까지
일반과세자	① 제1기 : 1월 1일부터 6월 30일까지 ② 제2기 : 7월 1일부터 12월 31일까지
신규사업자	사업 개시일부터 그 날이 속하는 과세기간의 종료일까지*1
폐업하는 경우	폐업일이 속하는 과세기간의 개시일부터 폐업일까지*2
과세유형의 변경	간이과세자에 관한 규정이 적용되거나 적용되지 아니하게 되어 일반과세자가 간이과세자로 변경되거나 간이과세자가 일반과세자로 변경되는 경우 그 변경되는 해에 간이과세자에 관한 규정이 적용되는 기간의 부가가치세의 과세기간은 다음의 구분에 따른 기간으로 한다. ① 일반과세자가 간이과세자로 변경되는 경우 : 그 변경 이후 7월 1일부터 12월 31일까지 ② 간이과세자가 일반과세자로 변경되는 경우 : 그 변경 이전 1월 1일부터 6월 30일까지
간이과세포기	다음의 기간을 각각 하나의 과세기간으로 한다. ① 간이과세자의 과세기간 : 간이과세의 적용 포기의 신고일이 속하는 과세기간의 개시일부터 그 신고일이 속하는 달의 마지막 날까지 ② 일반과세자의 과세기간 : 간이과세의 적용 포기의 신고일이 속하는 달의 다음 달 1일부터 그 날이 속하는 과세기간의 종료일까지

*1 사업 개시일 이전에 사업자등록을 신청한 경우에는 그 신청한 날부터 그 신청일이 속하는 과세기간의 종료일까지

*2 폐업일은 다음의 구분에 따른다.
   ① 합병으로 인한 소멸법인의 경우 : 합병법인의 변경등기일 또는 설립등기일
   ② 분할로 인하여 사업을 폐업하는 경우 : 분할법인의 분할변경등기일(분할법인이 소멸하는 경우에는 분할신설법인의 설립등기일)
   ③ ① 및 ② 외의 경우 : 사업장별로 그 사업을 실질적으로 폐업하는 날. 다만, 폐업한 날이 분명하지 아니한 경우에는 폐업신고서의 접수일. 다만, 해산으로 청산 중인 내국법인 또는 「채무자 회생 및 파산에 관한 법률」에 따라 법원으로부터 회생계획인가 결정을 받고 회생절차를 진행 중인 내국법인이 사업을 실질적으로 폐업하는 날부터 25일 이내에 납세지 관할 세무서장에게 신고하여 승인을 받은 경우에는 잔여재산가액 확정일(해산일부터 365일이 되는 날까지 잔여재산가액이 확정되지 아니한 경우에는 그 해산일부터 365일이 되는 날)을 폐업일로 할 수 있다.

심화학습 과세유형의 변경

간이과세자에 관한 규정이 적용되거나 적용되지 아니하게 되는 기간은 1역년의 공급대가의 합계액이 8천만원에 미달하거나 그 이상이 되는 해의 다음 해의 7월 1일부터 그 다음 해의 6월 30일까지로 한다.

(1) 일반과세자에서 간이과세자로 변경되는 경우

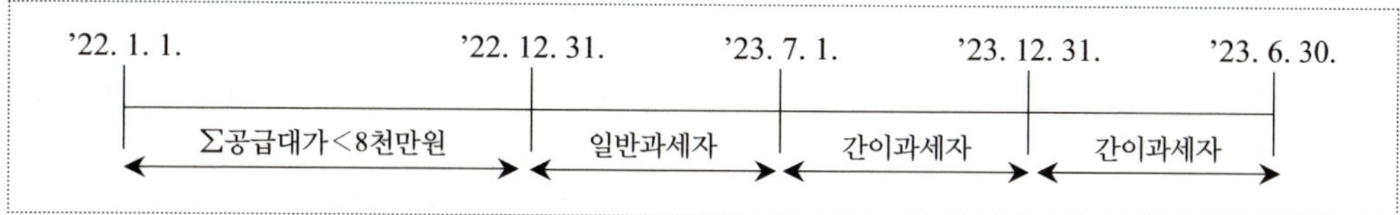

(2) 간이과세자에서 일반과세자로 변경되는 경우

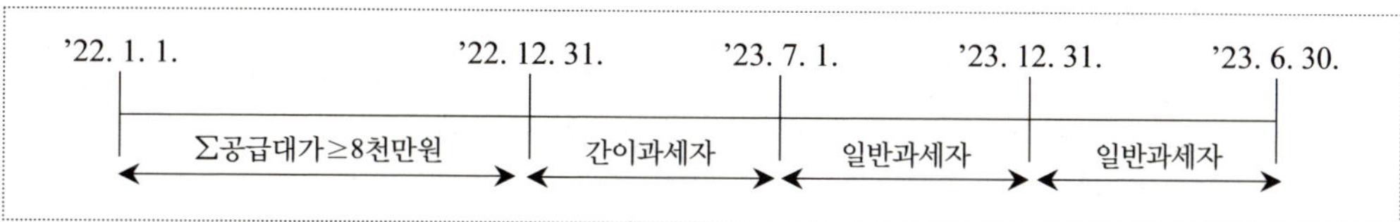

5. 납 세 지

구 분	내 용
사업자	① 원칙 : 각 사업장의 소재지 ② 사업자단위과세사업자* : 그 사업자의 본점 또는 주사무소의 소재지
재화를 수입하는 자	「관세법」에 따라 수입을 신고하는 세관의 소재지
사업자 단위 과세사업자	그 사업자의 본점 또는 주사무소의 소재지

* 사업장이 둘 이상인 사업자(사업장이 하나이나 추가로 사업장을 개설하려는 사업자 포함)는 사업자 단위로 해당 사업자의 본점 또는 주사무소 관할 세무서장에게 사업자등록을 신청할 수 있다. 이 경우 등록한 사업자를 사업자 단위 과세 사업자라 한다.

사업장 … 사업자가 사업을 하기 위하여 거래의 전부 또는 일부를 하는 고정된 장소

사 업		사업장의 범위*
광 업		광업사무소의 소재지
제조업		최종제품을 완성하는 장소. 다만, 따로 제품 포장만을 하거나 용기에 충전만을 하는 장소와 「개별소비세법」에 따른 저유소는 제외한다.
건설업·운수업과 부동산매매업	법인인 경우	법인의 등기부상 소재지(지점소재지 포함)
	개인인 경우	사업에 관한 업무를 총괄하는 장소
	법인의 명의로 등록된 차량을 개인이 운용하는 경우	법인의 등기부상 소재지(등기부상의 지점소재지를 포함한다)
	개인의 명의로 등록된 차량을 다른 개인이 운용하는 경우	그 등록된 개인이 업무를 총괄하는 장소
부동산임대업		부동산의 등기부상 소재지*

사　업	사업장의 범위*
다단계판매원이 재화나 용역을 공급하는 사업	해당 다단계판매원이 등록한 다단계판매업자의 주된 사업장의 소재지. 다만, 다단계판매원이 상시 주재하여 거래의 전부 또는 일부를 하는 별도의 장소가 있는 경우에는 그 장소로 한다.
무인자동판매기를 통하여 재화·용역을 공급하는 사업	사업에 관한 업무를 총괄하는 장소
국가·지방자치단체 또는 지방자치단체조합이 공급하는 재화 또는 용역	사업에 관한 업무를 총괄하는 장소. 다만, 위임・위탁 또는 대리에 의하여 재화나 용역을 공급하는 경우에는 수임자・수탁자 또는 대리인이 그 업무를 총괄하는 장소를 사업장으로 본다.

* 다만, 부동산상의 권리만을 대여하거나 전기사업자, 전기통신사업자, 한국토지주택공사 등에 해당하는 사업자가 부동산을 임대하는 경우에는 그 사업에 관한 업무를 총괄하는 장소를 사업장으로 한다.

심화학습 사업장 신청

해당 사업장 외의 장소도 사업자의 신청에 따라 추가로 사업장으로 등록할 수 있다. 다만, 무인자동판매기를 통하여 재화・용역을 공급하는 사업의 경우에는 그러하지 아니하다.

심화학습 사업장을 두지 않은 경우

사업자가 사업장을 두지 아니하면 사업자의 주소 또는 거소를 사업장으로 한다. 사업장을 설치하지 아니하고 사업자등록도 하지 아니한 경우에는 과세표준 및 세액을 결정하거나 경정할 당시의 사업자의 주소 또는 거소를 사업장으로 한다.

심화학습 직매장, 하치장, 임시사업장

구　분	정　　의	사업장 여부
직매장	사업자가 자기의 사업과 관련하여 생산하거나 취득한 재화를 직접 판매하기 위하여 특별히 판매시설을 갖춘 장소	여
하치장	재화를 보관하고 관리할 수 있는 시설만 갖춘 장소로서 하치장으로 신고된 장소*1	부
임시사업장	각종 경기대회나 박람회 등 행사가 개최되는 장소에 개설한 임시사업장으로서 신고된 장소	부*2 (기존 사업장에 포함)

*1 ① 하치장을 둔 사업자는 하치장 설치 신고서를 하치장을 둔 날부터 10일 이내에 하치장 관할 세무서장에게 제출하여야 한다.
② 하치장 설치 신고를 받은 하치장 관할 세무서장은 하치장 설치 신고를 받은 날부터 10일 이내에 납세지 관할 세무서장에게 그 사실을 통보하여야 한다.

*2 ① 임시사업장을 개설하려는 자는 임시사업장 개설 신고서를 해당 임시사업장의 사업 개시일부터 10일 이내에 임시사업장의 관할 세무서장에게 제출(국세정보통신망에 의한 제출 포함)해야 한다. 다만, 임시사업장의 설치기간이 10일 이내인 경우에는 임시사업장 개설 신고를 하지 않을 수 있다.
② 신고서를 제출받은 세무서장은 임시사업장 설치의 타당성을 확인하여 그 결과를 신청인과 기존사업

장의 관할 세무서장에게 통지하여야 한다.

③ 임시사업장을 개설한 자가 임시사업장을 폐쇄하였을 때에는 폐쇄일부터 10일 이내에 임시사업장 폐쇄 신고서를 그 임시사업장 관할 세무서장에게 제출하여야 한다.

심화학습 사업자가 비거주자 또는 외국법인인 경우

비거주자 또는 외국법인의 국내사업장을 사업장으로 본다. 비거주자 또는 외국법인이 국내에 사업의 전부 또는 일부를 수행하는 고정된 장소를 가지고 있는 경우 국내사업장이 있는 것으로 본다.

6. 주사업장 총괄 납부

<table>
<tr><th>구 분</th><th colspan="2">내 용</th></tr>
<tr><td>의 의</td><td colspan="2">사업장이 둘 이상인 사업자(사업장이 하나이나 추가로 사업장을 개설하려는 사업자 포함)가 주된 사업장의 관할 세무서장에게 주사업장 총괄 납부를 신청한 경우에는 납부할 세액을 주된 사업장에서 총괄하여 납부할 수 있다.</td></tr>
<tr><td>주된 사업장</td><td colspan="2">① 법인 : 본점(주사무소 포함), 지점(분사무소 포함)
② 개인 : 주사무소</td></tr>
<tr><td rowspan="4">주사업장 총괄납부 신청기한</td><td>구 분</td><td>내 용</td></tr>
<tr><td>원 칙</td><td>주된 사업장에서 총괄 납부하려는 과세기간 개시 20일 전</td></tr>
<tr><td>신규사업자</td><td>주된 사업장의 사업자등록증을 받은 날부터 20일</td></tr>
<tr><td>사업장이 하나이나 추가로 사업장을 개설하려는 자</td><td>추가 사업장의 사업 개시일부터 20일(추가 사업장의 사업 개시일이 속하는 과세기간 이내로 한정)</td></tr>
<tr><td rowspan="4">총괄납부의 적용</td><td>구 분</td><td>내 용</td></tr>
<tr><td>원 칙</td><td>신청일이 속하는 다음 과세기간부터 총괄납부</td></tr>
<tr><td>신규사업자</td><td rowspan="2">신청일이 속하는 과세기간부터 총괄납부</td></tr>
<tr><td>사업장이 하나이나 추가로 사업장을 개설하려는 자</td></tr>
<tr><td>총괄납부의 효력</td><td colspan="2">① 총괄납부(또는 환급)
☑ 주의사항
㉠ 사업장별로 각각 납부(환급)세액을 계산하여 이를 각 사업장 관할 세무서장에게 각각 신고하여야 한다.*1
㉡ 각 사업장별로 세금계산서를 작성 및 발급하여야 한다.
㉢ 각 사업장 관할 세무서장이 결정 및 경정을 행한다.*2
② 판매목적 타사업장 반출재화의 공급의제 배제</td></tr>
</table>

<table>
<tr><th>구 분</th><th>내 용</th></tr>
<tr><td>총괄납부의 변경</td><td>
(1) 변경사유 및 주사업장 총괄납부 변경신청서 제출
<table>
<tr><th>변경사유</th><th>제출처</th></tr>
<tr><td>① 종된 사업장을 신설하는 경우</td><td>신설하는 종된 사업장 관할 세무서장*</td></tr>
<tr><td>② 종된 사업장을 주된 사업장으로 변경하려는 경우</td><td>주된 사업장으로 변경하려는 사업장 관할 세무서장</td></tr>
<tr><td>③ 사업자등록 정정사유가 발생하는 경우</td><td>정정사유가 발생한 사업장 관할 세무서장(법인의 대표자를 변경하는 때에는 주된 사업장 관할 세무서장)*</td></tr>
<tr><td>④ 일부 종된 사업장을 총괄 납부 대상 사업장에서 제외하려는 경우</td><td>주된 사업장 관할 세무서장</td></tr>
<tr><td>⑤ 기존의 사업장을 총괄납부 대상 사업장에 추가하려는 경우</td><td>주된 사업장 관할 세무서장</td></tr>
</table>
* 신청서를 받은 종된 사업장의 관할 세무서장은 주된 사업장의 관할 세무서장에게 그 신청서를 지체 없이 보내야 한다.
(2) 총괄납부의 적용
주사업장 총괄 납부 변경신청서를 제출하였을 때에는 그 변경신청서를 제출한 날이 속하는 과세기간부터 총괄하여 납부한다.
</td></tr>
<tr><td>적용제외</td><td>
<table>
<tr><th>구 분</th><th>내 용</th></tr>
<tr><td>사 유</td><td>주사업장 총괄 납부 사업자가 다음의 어느 하나에 해당하는 경우 주된 사업장 관할 세무서장은 주사업장 총괄 납부를 적용하지 아니할 수 있다.
① 사업내용의 변경으로 총괄 납부가 부적당하다고 인정되는 경우
② 주된 사업장의 이동이 빈번한 경우
③ 그 밖의 사정변경으로 인하여 총괄 납부가 적당하지 아니하게 된 경우</td></tr>
<tr><td>사업장별 납부</td><td>주사업장 총괄납부를 적용하지 아니하게 된 경우에는 그 적용을 하지 아니하게 된 날이 속하는 과세기간의 다음 과세기간부터 각 사업장에서 납부하여야 한다.</td></tr>
</table>
</td></tr>
<tr><td>주사업장
총괄납부의 포기</td><td>
<table>
<tr><th>구 분</th><th>내 용</th></tr>
<tr><td>포기신고기한</td><td>각 사업장에서 납부하려는 과세기간 개시 20일 전에 주사업장 총괄 납부 포기신고서를 주된 사업장 관할 세무서장에게 제출(국세정보통신망에 의한 제출 포함)하여야 한다.</td></tr>
<tr><td>사업장별 납부</td><td>주사업장 총괄 납부를 포기한 경우에는 그 적용을 하지 아니하게 된 날이 속하는 과세기간의 다음 과세기간부터 각 사업장에서 납부하여야 한다.</td></tr>
</table>
</td></tr>
</table>

구 분	내 용
통 지	주사업장 총괄 납부를 적용하지 아니하게 되거나 포기한 경우에 주된 사업장 관할 세무서장은 지체 없이 그 내용을 해당 사업자와 주된 사업장 외의 사업장 관할 세무서장에게 통지하여야 한다.

*1 주사업장 총괄납부사업자가 예정 또는 확정신고를 함에 있어 주사업장 관할세무서장에게 종된 사업장분을 합산신고하고 종된 사업장 관할세무서장에게는 신고하지 아니한 경우에 종된 사업장분은 무신고가 된다. 다만, 각 사업장별로 작성한 신고서를 관할세무서장 외의 세무서장에게 제출한 경우에는 무신고로 보지 아니한다(부기통 49－90－1).

*2 주사업장 총괄납부사업자가 확정신고를 하지 아니하거나 확정신고의 내용에 오류 또는 탈루가 있는 때에는 각 사업장 관할 세무서장이 과세표준과 납부세액 또는 환급세액을 경정한다(부기통 6－8－3).

7. 사업자단위과세

<table>
<tr><th>구 분</th><th colspan="2">내 용</th></tr>
<tr><td>의 의</td><td colspan="2">사업장이 둘 이상인 사업자(사업장이 하나이나 추가로 사업장을 개설하려는 사업자 포함)는 사업자 단위로 해당 사업자의 본점 또는 주사무소 관할 세무서장에게 등록을 신청할 수 있다. 이 경우 등록한 사업자를 사업자 단위 과세 사업자라 한다.*</td></tr>
<tr><td>납세지</td><td colspan="2">그 사업자의 본점 또는 주사무소의 소재지</td></tr>
<tr><td>사업자단위과세의 효력</td><td colspan="2">① 사업자단위과세 적용 사업장에 한 개의 사업자등록번호만 부여
② 세금계산서의 발급 및 수취의무를 본점 또는 주사무소에서 사업자단위로 이행
③ 과세표준 및 납부세액(또는 환급세액)을 하나의 신고서에 기재하여 본점 또는 주사무소의 관할 세무서장에게 신고 및 납부(또는 환급)
④ 본점 또는 주사무소의 관할 세무서장이 결정·경정 및 징수함
⑤ 판매목적 타사업장 반출재화의 공급의제 배제</td></tr>
<tr><td rowspan="4">사업자단위과세의 포기</td><td>구 분</td><td>내 용</td></tr>
<tr><td>포기신고기한</td><td>사업자 단위 과세 사업자가 각 사업장별로 신고·납부하거나 주사업장 총괄 납부를 하려는 경우에는 그 납부하려는 과세기간 개시 20일 전에 사업자 단위 과세 포기신고서를 사업자 단위 과세 적용 사업장 관할 세무서장에게 제출하여야 한다.</td></tr>
<tr><td>통 지</td><td>사업자 단위 과세 적용 사업장 관할 세무서장은 사업자 단위 과세 포기신고서의 처리결과를 지체 없이 해당 사업자와 종된 사업장의 관할 세무서장에게 통지하여야 한다.</td></tr>
<tr><td>포기 효력 발생시점</td><td>포기한 날이 속하는 과세기간의 다음 과세기간부터 각 사업장별로 신고·납부하거나 주사업장 총괄 납부를 하여야 한다.</td></tr>
</table>

* 사업장이 하나인 사업자가 추가로 사업장을 개설하면서 추가 사업장의 사업 개시일이 속하는 과세기간부터 사업자 단위 과세 사업자로 적용받으려는 경우에는 추가 사업장의 사업 개시일부터 20일 이내(추가

사업장의 사업 개시일이 속하는 과세기간 이내로 한정)에 사업자의 본점 또는 주사무소 관할 세무서장에게 변경등록을 신청하여야 한다.

정리 사업자단위과세와 주사업장총괄납부의 비교

구 분		사업자단위과세	주사업장총괄납부
주사업장	법인사업자	본점(주사무소 포함)	본점(주사무소 포함) 또는 지점(분사무소 포함)
	개인사업자	주사무소	주사무소
신 청	신규사업자	사업자단위로 사업자등록	주된 사업장의 사업자등록증을 받은 날로부터 20일 이내에 신청
	계속사업자	과세기간 개시 20일 전까지 신청	총괄납부하고자 하는 과세기간 개시 20일 전에 신청
	사업장 추가	추가사업장의 사업개시일부터 20일 이내 신청	추가사업장의 사업개시일부터 20일 이내 신청
과세단위		사업자	사업장
효 과		사업자단위로 「부가가치세법」상 모든 의무를 이행	총괄 납부·환급*
적용제외		–	① 사업내용의 변경으로 총괄납부가 부적당하다고 인정되는 때 ② 주된 사업장의 이동이 빈번한 때 ③ 그 밖의 사정으로 총괄납부가 적당하지 않게 된 때
포 기	포기신고	사업장단위과세 또는 주사업장총괄납부를 적용받으려는 과세기간 개시 20일 전까지 포기 신고	각 사업장에서 납부하고자 하는 과세기간 개시 20일 전까지 포기 신고
	효 과	포기한 날이 속하는 과세기간의 다음 과세기간부터 사업장단위과세 또는 주사업장총괄납부 적용	포기한 날이 속하는 과세기간의 다음 과세기간부터 각 사업장에서 납부

* ① 수정신고·경정청구·결정 및 경정은 각 사업장 관할 세무서장이 관할한다.
② 주된 사업장 관할 세무서장에게 종된 사업장분을 합산하여 신고한 경우에는 종된 사업장분은 무신고가 된다. 다만, 각 사업장별로 작성된 신고서를 관할세무서장 외의 세무서장에게 제출한 경우는 무신고로 보지 않는다.

8. 사업자등록

사업자등록이란 부가가치세 업무의 효율적인 운영을 위하여 납세의무자의 사업에 관한 일련의 사항을 세무관서의 공부에 등재하는 것이므로 사업자등록증의 발급이 해당 사업자에게 특정 사업을 허용하거나 사업경영을 할 권리를 인정하는 것은 아니다(부기통 8－11－3).

구 분	내 용
사업자등록신청	(1) 원칙 … 사업장 단위 등록 ① 사업자는 사업장마다 사업 개시일*1부터 20일 이내에 사업장 관할 세무서장에게 사업자등록을 신청하여야 한다. 다만, 신규로 사업을 시작하려는 자는 사업 개시일 이전이라도 사업자등록을 신청할 수 있다.*2 ② 사업자는 사업자등록의 신청을 사업장 관할 세무서장이 아닌 다른 세무서장에게도 할 수 있다. 이 경우 사업장 관할 세무서장에게 사업자등록을 신청한 것으로 본다.*3 (2) 예외 … 사업자 단위 등록 ① 사업장이 둘 이상인 사업자(사업장이 하나이나 추가로 사업장을 개설하려는 사업자 포함)는 사업자 단위로 해당 사업자의 본점 또는 주사무소 관할 세무서장에게 등록을 신청할 수 있다. ② 사업장 단위로 등록한 사업자가 사업자 단위 과세 사업자로 변경하려면 사업자 단위 과세 사업자로 적용받으려는 과세기간 개시 20일 전까지 사업자의 본점 또는 주사무소 관할 세무서장에게 변경등록을 신청하여야 한다. 사업자 단위 과세 사업자가 사업장 단위로 등록을 하려는 경우에도 또한 같다. ③ 사업장이 하나인 사업자가 추가로 사업장을 개설하면서 추가 사업장의 사업 개시일이 속하는 과세기간부터 사업자 단위 과세 사업자로 적용받으려는 경우에는 추가 사업장의 사업 개시일부터 20일 이내(추가 사업장의 사업 개시일이 속하는 과세기간 이내로 한정)에 사업자의 본점 또는 주사무소 관할 세무서장에게 변경등록을 신청하여야 한다.
사업자등록증 발급	(1) 사업자등록증의 발급 사업자등록의 신청을 받은 사업장 관할 세무서장(사업자단위등록신청의 경우 본점 또는 주사무소 관할 세무서장)은 사업자등록증을 신청일부터 2일 이내(토요일, 공휴일 또는 근로자의 날은 산정에서 제외)에 신청자에게 발급하여야 한다. 다만, 사업장시설이나 사업현황을 확인하기 위하여 국세청장이 필요하다고 인정하는 경우에는 발급기한을 5일 이내에서 연장하고 조사한 사실에 따라 사업자등록증을 발급할 수 있다. (2) 보정요구 사업장 관할 세무서장은 사업자등록의 신청 내용을 보정할 필요가 있다고 인정될 때에는 10일 이내의 기간을 정하여 보정을 요구할 수 있다. 이 경우 해당 보정기간은 사업자등록증의 발급에 산입하지 아니한다.

<table>
<tr><th>구 분</th><th>내 용</th></tr>
<tr><td></td><td>(3) 등록거부
사업자등록의 신청을 받은 사업장 관할 세무서장은 신청자가 사업을 사실상 시작하지 아니할 것이라고 인정될 때에는 등록을 거부할 수 있다.
(4) 등록번호의 부여
사업자등록에 따른 등록번호는 사업장마다 관할 세무서장이 부여한다. 다만, 사업자 단위로 등록신청을 한 경우에는 사업자 단위 과세 적용 사업장에 한 개의 등록번호를 부여한다.
(5) 직권등록
사업자가 사업자등록을 하지 아니하는 경우에는 사업장 관할 세무서장이 조사하여 등록할 수 있다.</td></tr>
<tr><td>사후관리</td><td>(1) 등록사항의 정정신고
<table>
<tr><th>등록사항의 정정사유</th><th>재발급기한</th></tr>
<tr><td>① 상호를 변경하는 경우
② 사이버몰(부가통신사업자가 컴퓨터 등과 정보통신설비를 이용하여 재화 등을 거래할 수 있도록 설정한 가상의 영업장)에 인적사항 등의 정보를 등록하고 재화 또는 용역을 공급하는 사업을 하는 사업자(통신판매업자)가 사이버몰의 명칭 또는 인터넷 도메인이름을 변경하는 경우</td><td>신고일 당일</td></tr>
<tr><td>③ 법인 또는 법인으로 보는 단체 외의 단체 「소득세법」에 따라 1거주자로 보는 단체가 대표자를 변경하는 경우
④ 사업의 종류에 변동이 있는 경우
⑤ 사업장(사업자 단위 과세 사업자의 경우에는 사업자 단위 과세 적용 사업장)을 이전하는 경우
⑥ 상속으로 사업자의 명의가 변경되는 경우
⑦ 공동사업자의 구성원 또는 출자지분이 변경되는 경우
⑧ 임대인, 임대차 목적물 및 그 면적, 보증금, 임차료 또는 임대차기간이 변경되거나 새로 상가건물을 임차한 경우
⑨ 사업자 단위 과세 사업자가 사업자 단위 과세 적용 사업장을 변경하는 경우
⑩ 사업자 단위 과세 사업자가 종된 사업장을 신설하거나 이전하는 경우
⑪ 사업자 단위 과세 사업자가 종된 사업장의 사업을 휴업하거나 폐업하는 경우</td><td>신고일부터
2일 이내</td></tr>
</table></td></tr>
</table>

<table>
<tr><th>구 분</th><th>내 용</th></tr>
<tr><td></td><td>
(2) 휴업 · 폐업신고 및 사업자등록의 말소
<table>
<tr><th>구 분</th><th>내 용</th></tr>
<tr><td>휴업 · 폐업신고</td><td>① 사업자등록을 한 사업자가 휴업 또는 폐업을 하거나 사업개시일 이전에 등록을 한 자가 사실상 사업을 시작하지 않게 되는 경우[*4]에는 지체 없이 휴업(폐업)신고서를 관할 세무서장이나 그 밖에 신고인의 편의에 따라 선택한 세무서장에게 제출(국세정보통신망에 의한 제출 포함)해야 한다.
② 폐업신고서에는 사업자등록증을 첨부해야 한다.
③ 폐업을 하는 사업자가 부가가치세 확정신고서에 폐업 연월일과 그 사유를 적고 사업자등록증을 첨부하여 제출하는 경우에는 폐업신고서를 제출한 것으로 본다.</td></tr>
<tr><td>사업자등록 말소</td><td>① 사업장 관할 세무서장은 등록된 사업자가 다음의 어느 하나에 해당하면 지체 없이 사업자등록을 말소하여야 한다.
㉠ 폐업한 경우
㉡ 사업개시일 이전에 등록신청을 하고 사실상 사업을 시작하지 아니하게 되는 경우
② 관할 세무서장은 지체 없이 등록증을 회수해야 하며, 등록증을 회수할 수 없는 경우에는 등록말소 사실을 공시해야 한다.</td></tr>
</table>
(3) 사업자등록증의 갱신
사업장 관할 세무서장은 부가가치세의 업무를 효율적으로 처리하기 위하여 필요하다고 인정되면 사업자등록증을 갱신하여 발급할 수 있다.
</td></tr>
<tr><td>등록의무 불이행시 제재</td><td>
<table>
<tr><th>구 분</th><th>내 용</th></tr>
<tr><td>매입세액 불공제</td><td>사업자등록을 신청하기 전의 매입세액은 매출세액에서 공제하지 아니한다. 다만, 공급시기가 속하는 과세기간이 끝난 후 20일 이내에 등록을 신청한 경우 등록신청일부터 공급시기가 속하는 과세기간 기산일[*5]까지 역산한 기간 내의 것은 제외한다.</td></tr>
<tr><td>가산세</td><td>① 미등록 가산세 : 사업자등록 신청기한까지 등록을 신청하지 아니한 경우

사업 개시일부터 등록을 신청한 날의 직전일까지의 공급가액 합계액 × 1%

② 타인명의등록 가산세 : 타인의 명의로 사업자등록을 하거나 그 타인 명의의 사업자등록을 이용하여 사업을 하는 것으로 확인되는 경우

타인 명의의 사업 개시일부터 실제 사업을 하는 것으로 확인되는 날의 직전일까지의 공급가액 합계액 × 1%</td></tr>
</table>
</td></tr>
</table>

*1 ① 제조업 : 제조장별로 재화의 제조를 시작하는 날
② 광업 : 사업장별로 광물의 채취·채광을 시작하는 날
③ ①과 ② 외의 사업 : 재화나 용역의 공급을 시작하는 날
④ 해당 사업이 법령 개정 등으로 면세사업에서 과세사업으로 전환되는 경우 : 과세 전환일

*2 개업 준비기간 중의 매입세액을 환급해주기 위함

*3 사업자의 편의 제고

*4 사실상 사업을 시작하지 아니하는 경우
① 사업자가 사업자등록을 한 후 정당한 사유 없이 6개월 이상 사업을 시작하지 아니하는 경우
② 사업자가 부도발생, 고액체납 등으로 도산하여 소재 불명인 경우
③ 사업자가 인가·허가의 취소 또는 그 밖의 사유로 사업을 수행할 수 없어 사실상 폐업상태에 있는 경우
④ 사업자가 정당한 사유 없이 계속하여 둘 이상의 과세기간에 걸쳐 부가가치세를 신고하지 아니하고 사실상 폐업상태에 있는 경우
⑤ 그 밖에 사업자가 위와 유사한 사유로 사실상 사업을 시작하지 아니하는 경우

*5 1월 1일 또는 7월 1일

저/자/소/개

주 진 하

제56회 세무사
충남대학교 회계학과
前) 세무법인 이화
現) 주세무회계 대표
現) 해커스경영아카데미 세법 / 세무회계 강사

세법 인트로(TAX INT-LAW)

초 판 발 행	2023년 7월 3일
2 판 발 행	2026년 2월 9일
지 은 이	**주 진 하**
펴 낸 이	**김 수 진**
펴 낸 곳	**세 경 사**
출 판 등 록	1977.12.2. No. 제3-74호
주 소	서울특별시 영등포구 은행로 29(여의도동) 정우빌딩 209호
전 화 번 호	792-7202～3, 795-3398, 796-2400
팩 스	792-1343
홈 페 이 지	www.sekyungsa.co.kr
I S B N	978-89-7933-467-8 93320
정 가	15,000원

※ 저자와의 협의하에 인지를 생략합니다.